形体与教态

主编
朱维娜　石欣宇　戴　铮　周盈含

副主编
代少东　黎　丹　李德兵　温　星
陈　灵　冯琰倬　黄枭宇　杨雨薇

参编人员
王钰滢　刘　勇　蒋海龙　张珊珊　陈天博
李倚鑫　李卓蔓　尚潞尧　甘益硕　王卓元

西南大学附属中学卓越教师培养对象研修项目建设专项资助

西南大学出版社
国家一级出版社　全国百佳图书出版单位

图书在版编目(CIP)数据

形体与教态 / 朱维娜等主编 . -- 重庆 : 西南大学出版社, 2024. 12. -- ISBN 978-7-5697-2832-3

Ⅰ. G831.3

中国国家版本馆 CIP 数据核字第 2025P97Y92 号

形体与教态

XINGTI YU JIAOTAI

朱维娜　石欣宇　戴　铮　周盈含　主编

责任编辑 | 张浩宇
责任校对 | 李　君
装帧设计 | 闰江文化
排　　版 | 瞿　勤
出版发行 | 西南大学出版社(原西南师范大学出版社)
　　　　　地址:重庆市北碚区天生路 2 号
印　　刷 | 重庆升光电力印务有限公司
成品尺寸 | 170 mm × 240 mm
印　　张 | 8
字　　数 | 130 千字
版　　次 | 2024 年 12 月 第 1 版
印　　次 | 2024 年 12 月 第 1 次印刷
书　　号 | ISBN 978-7-5697-2832-3
定　　价 | 38.00 元

前言

教师良好的形体与教态，是教师在教学活动中应遵守的行为模式之一。教师的个人形象有助于维护教育过程的严谨。教师在教学场合应有甜美的笑容、儒雅的风度，成为学生学习的榜样。

本书分为上、下篇。上篇为形体篇，通过对形体的理论与实践方法的学习，了解和领会形体练习的基本概念、基本原则，熟悉和掌握形体练习的基本动作和基本姿态，并能在充分满足基本练习要求的情况下进行自主练习。下篇为教态篇，通过对教态的理论与实践方法的学习，了解和领会教态的概念、作用、特点和构成，掌握教师应知的良好仪表规范，包括着装原则和着装礼仪。

本书结构清晰，用语简洁，并配备相关图片及视频解说，融知识性、科学性、系统性、实用性于一体。本书具有独特视角，针对性强，适合作为大专院校师范类专业课堂行为规范的教科书，也可作为中小学教师教态规范的参考用书。

书中难免有不足之处，敬请广大读者及专家批评指正。此外，本书在编写过程中，得到西南大学出版社的大力支持，在此表示衷心的感谢！与本书内容配套的视频及语音文件都存放在西南大学出版社官网“天生云课堂”栏目下，读者可免费下载。

目录

CONTENTS

上篇 形体篇

上篇

形体篇

《形体与教态》分为上、下篇两部分，分别是形体篇与教态篇，本篇是形体篇。

本篇通过形体理论与实践的学习，了解和领会形体练习的基本概念、基本原则，熟悉和掌握形体练习基本动作、基本姿态的练习方法，并能在充分满足基本练习要求的情况下进行自主练习。

第一章 形体练习概述

本章导读

你看过美丽的“天鹅湖”和温柔的“华尔兹”吗？是否曾被舞者们出色的表演、婀娜多姿的身材以及优雅的气质所吸引呢？为什么她们举手投足之间都有着很强的吸引力呢？是的，舞者们出色的表演离不开一样必备历练过程，那就是——形体练习。

你想要了解更丰富、更专业的形体练习知识吗？让我们一起走进第一章——形体练习概述。

学习目标

1. 了解形体练习的概念、特点、功能及分类等。

2. 认识形体练习对形成良好形态的切实意义。

3. 树立正确的艺术情怀和修养，树立形体练习塑造形体美、健康美的意识和促进身心全面发展的价值观念。

第一节 形体练习的概念及特点

现代生活中，人们好美、爱美、追求美，并且在各种实践活动中创造美。随着美的产生和发展，人们越来越自觉地按照美的规律及标准来锻炼和塑造自己的形体，以满足特定文化背景中的审美需要，即自身体型。

一、形体练习的概念

形体，顾名思义就是人身体形状与结构，包括体格、体型等外在表现。良好的形体是指健康的体魄、优美的仪态、匀称的体型、饱满的精神状态。

形体练习是指练习者在旋律优美的乐曲伴奏下，以塑造身体的形体美为主要目的的教育过程。它既注重外在美的练习，又注重内在美的情操培养。通过经常性的形体练习，练习者不仅能获得体态美，还能获得姿态美和气质美，使形体更富有艺术魅力。

二、形体练习的特点

形体练习是以人体形态科学为基础，以形体美的标准进行的一项身体活动，所以形体练习具有其自身的特点。

1.全面性和针对性

形体练习具有全面性和针对性。形体练习的全面性是指有目的地为达到练习者身体匀称、均衡、协调、健美等全面发展而进行的练习。形体练习的针对性还可以分化为练习者对身体某部位进行练习，如头、颈、上肢、胸、腹部等，也可以分化为练习者对某个身体素质进行练习，如柔韧性、灵活性、耐力、平衡力等。

2. 艺术性

形体练习具有强烈的艺术性，是一种具有美的表现力的运动，是一种具有艺术特征的运动项目的基础。

首先，形体练习是以身体表现为主，展示了练习者的形体、动作姿态以及集体练习中的队形变化，是美的体现。其次，音乐的加入，使整个形体练习变得更加生动、优美，伴随着灵动的音乐，充分提高了练习者的音乐素养，培养其良好的气质和修养。

3. 多样性

形体练习的方法、形式、内容等具有多样性。

从形体练习的方法上看，它是在人体解剖学、运动生理学、运动心理学、运动训练学、美学等学科理论指导下形成的。可根据不同的年龄和性别、不同的体型和体质、不同的练习目的和各自的水平，选择不同的练习方法。

从形体练习的形式上看，有局部练习，也有全身性练习；有单人练习，也有双人练习，还有集体练习；有徒手练习，也有器械练习；有站姿练习，也有坐姿练习；有节奏柔和缓慢的练习，也有节奏快、动感强的练习。

从形体练习的项目上看，有健身强体的练习；有健美体形的练习；有正确的站、坐、行走姿态的专门练习；有塑造形象的着装、发式、化妆及言谈、举止、礼仪等形体语言练习；有适合胖人减肥的练习；有适合瘦人丰腴健美的练习等。

4. 大众性

形体练习适用于不同水平的练习者，其动作简单易学、练习形式简便。可根据不同的年龄、要求、身体条件和练习水平，选择不同的练习方式和内容，有目的、有针对性地进行练习。形体练习的运动场所不受限制，可以是室内，也可以是室外的空地。因而形体练习不仅深受广大群众的喜爱，也易于普及推广。

第二节

形体练习的功能

形体练习不仅能塑造良好的身体形态、强身健体，而且能增进人们的心理健康，在提高练习者的艺术素养、美学修养方面也有独到的作用。

一、矫正形体

不良体型在人群中所占比例很大。形体练习直接的作用就是矫正形体，帮助练习者充分挖掘自己身体的潜力，并将这种潜力转换为长处，塑造优美的体态。美化体型必须建立在健康的基础上。形体练习的目标是使瘦长型的人苗条而不纤细，肥胖型的人胖而不臃肿，高大的人魁梧而不单薄，矮小的人灵巧而不瘦弱。据此形体练习还应得到更多的普及和推广，以改善人们的不良体型。

二、强身健体

经常进行形体练习，有利于肌肉、骨骼、关节的匀称和谐发展。可使肌纤维变粗而且坚韧有力，使其中所含蛋白质及糖原等的储量增加。可使血管变丰富，血液循环及新陈代谢加快。可使骨外层的密质增厚，骨质更加坚固，提高骨骼系统抗折断、弯曲、压拉、扭转的能力，加强关节的韧性和灵活性。可使身体变得强壮有力。

形体练习能增强心肌力量，每搏血量增多，心跳的次数相应减少，在平时较为安静的状态下，心脏能得到较长时间的休息，从而减轻心脏的工作负担，增强心血管系统的功能。

形体练习还可以增强消化系统的功能，增加肾脏的血液供应，促进皮肤血液循环及新陈代谢，从而增强人体的防病能力。

形体练习可改善神经系统和大脑功能。形体练习中，人脑与中枢神经、周围神经建立迅速、准确的应答式反应，随时动员各器官及系统，使之协调、配合身体动作，经过不断刺激，能提高人的理解和记忆能力。

三、增进心理健康

通过形体练习，练习者不但可获得良好的形体、健康的身体，内在的气质、修养也伴随着练习而不断提升。富有内涵的外部表现与美好的仪态及风度气质完美结合，练习者的自信心大大增强，这为在现代社会中参与竞争、获得认可增加了更多的筹码。

持之以恒的形体训练能够培养人坚强的意志品质、吃苦耐劳的精神，还可培养良好的沟通能力和社交能力。

四、提高艺术素养和美学修养

爱美之心，人皆有之。形体练习，不仅可以锻炼出健美的体型、直立挺拔的体态、健康的体魄，其艺术属性和美的综合展现，还可以促进艺术思维开拓，提高练习者的艺术素养，提高他们感受美、鉴赏美、追求美、创造美的能力。形体美学本身就是一门科学，形体的美学意义不仅注重人的身体，而且也强调精神，体现出"美"。形体练习能增强练习者的审美能力，热爱生活，懂得欣赏美，体验美。练习者能培养高雅的审美情趣，健全高尚的人格，提高综合素质，展现美的能力会得到极大提升。

第三节 形体练习的内容及要求

一、形体练习的内容

1.基本形态练习

基本形态练习是对练习者身体形态进行系统的专门练习，以及在音乐伴奏下进行的徒手练习、地面练习和把杆练习，其目的是培养练习者正确的体态和完成动作的协调性、准确性，进一步改善身体形态的不良状态，使练习者逐渐形成正确的站姿、坐姿、走姿等，提高形体动作的灵活性和表达能力。

2.形体素质练习

形体素质练习具有高密度、低强度的特点，主要是练习形体的控制力和表现力，它包括身体力量、柔韧性、协调性、耐力和灵活性的练习。

(1)力量

力量是指人体肌肉收缩时表现出来的一种克服阻力的能力。形体练习培养力量的常用手段是重复练习法、动力练习法和静力练习法。重复练习法是非常有效的，它是指在不改变动作结构及其外部运动负荷的情况下，按要求反复练习，各次(组)练习之间的间歇时间要使运动员完全恢复，每一次练习都要在完全恢复条件下再次进行。动力练习法适用于培养速度力量素质，其具体表现是弹跳。如各种大跳动作，其动作质量体现了练习者技术水平与身体素质。静力练习法就是使肌肉经受长达56秒的最大的、重复性紧张。为了有目的地培养人体某肌肉群，形体练习中广泛采用静力练习法，如各种控制动作和各种平衡姿势的腿部动作。

(2)柔韧性

柔韧性一般称为“软度”,它是指肌肉、韧带的弹性和关节的活动范围及灵活性。柔韧性的好坏在形体练习中起着重要的作用。良好的柔韧性能够增加形体动作的幅度,使动作更加舒展、优美、完善,是高质量完成形体动作的基本保证。

柔韧性有主动柔韧性和被动柔韧性两种。主动柔韧性是练习者不借助外力,只靠自身的肌肉力量独立完成的关节最大幅度的动作灵活性。被动柔韧性是靠同伴、器材或负重等外力作用所完成的最大幅度的动作灵活性。只有同时发展主动和被动这两种柔韧性,才能使身体各关节获得相应的灵活性。但是,发展柔韧素质要与放松练习交替进行,以利于肌肉的伸展和放松,避免损伤。

(3)协调性

协调性是指练习者身体各部位在时间和空间上相互配合,合理有效地完成动作。它是身体素质中最不好练习、最不容易提高的一项素质,但它是形体练习中必须具备的素质之一。协调性可通过各种舞蹈组合(如爵士舞组合、现代舞组合及健美操和芭蕾组合)来提高,因为这些练习需要全身大小肌肉都参与运动,其中一些肌肉是日常生活和大部分运动项目练不到的。形体练习的动作有对称的、不对称的,变化较多。练习者通过上下肢、躯干、头等多部位的相互配合,锻炼大脑支配身体各部位同时参与不同运动的能力,从而提高协调性。

(4)耐力

耐力就是在尽可能长的时间内,坚持完成某种规定动作的能力。耐力有一般耐力和专项耐力之分。形体练习的一般耐力是指持续完成某项动作的能力,持续完成动作往往可使许多肌群参与活动,而且会对心血管系统、呼吸系统和中枢神经系统提出更高的要求。形体练习者必须具有一定的耐力,才能高质量并有表现力地完成形体动作。

(5)灵活性

灵活性在身体素质练习中占有特殊的位置,它与其他身体素质有着紧密的联系,是综合素质的体现。灵活性有一般灵活性和专项灵活性之分。一般灵活性是指一种能正确协调自身动作与合理完成动作的能力。专项灵活性则是一种能根据项目的特点,合理运用该项目运动技术的能力。灵活性的基础在于运动技能的灵巧、高度发达的肌肉感和神经系统的可塑性。练习者对自己所做动作的领悟能力越高、越正确,就越能更好地掌握新动作的要领。

形体素质练习的内容较多,但其中力量、柔韧性、协调性、耐力和灵活性是其最基本的内容。练习者的身体素质直接决定了练习者练习动作的质量、难度以及身体的表现力。

3.形体综合练习

形体综合练习主要以有节奏的形体动作作为练习手段,一般采用基本舞步、舞蹈组合、韵律操、健美操、体育舞蹈等多种项目进行练习。形体综合练习可提高练习者的有氧代谢能力,促进其身体全面均衡发展,提高其节奏感、音乐表现力、形态表达能力,增强练习者的兴趣,陶冶情操,培养高雅的气质和风度,提高练习者对美的感受和欣赏能力,丰富其想象力和创造力,保持健美体型,促进优美体态的形成。

二、形体练习的基本要求

1.做好准备活动

练习前必须做好准备活动,使身体热身到一定程度,唤醒神经、肌肉与韧带。特别是想通过形体练习来减肥的人,由于体重基数较大,很容易对自身关节和肌肉造成伤害。且肥胖者绝大多数都是很少锻炼的,他们对自身肌肉能力掌握不够准确,血液循环也不够通畅,如果不做好准备活动就运动,是非常容易受伤的。准备活动要安排轻松自如、由弱到强的适度练习,一般10—15分钟为宜。

练习时要穿有弹性的紧身服装或宽松的休闲服、体操鞋(舞蹈鞋、健身鞋),并保持整洁。练习时不能佩戴坚硬饰物,以免发生事故。

2.合理安排练习时间和运动量

形体练习要遵循人体发展和适应环境的基本规律,根据练习者身体的实际情况来确定练习方法,有计划、有步骤地循序渐进,逐步提高,不能急于求成,更不能虎头蛇尾,要持之以恒,完整地掌握形体练习的有关知识和方法。

一般来说合理的锻炼时间是每次1—1.5小时，每周至少练习两次。

形体练习要有恰当的生理和心理负荷，运动时达到最大心率70%—80%效果最好，练习结束后要进行调整。

在做器械练习时，要有专人指导和帮助，要注意安全。

练习中和练习后要注意适当补充水分。同时，要注意糖、脂肪、蛋白质、维生素、矿物质等饮食营养的合理搭配，以保证足够的营养摄取，实现营养均衡。

形体练习的音乐要旋律优美，格调高雅，富于动感，符合形体动作特点，且易于被人们理解和接受。

3. 全面锻炼

全面锻炼要求在练习时做到力量与柔韧性、协调性、耐力、灵活性等相结合，动力性练习与静力性练习相结合，大肌肉群锻炼和小肌肉群锻炼相结合，主动性运动部位与被动性运动部位相结合，负重练习与徒手练习相结合，全身练习与身体局部练习相结合，无氧运动与有氧运动相结合，呼吸与动作节奏相配合等，从而使全身肌肉群匀称，促进心肺功能的改善和肌肉群的协调发展，使身体形态、机能等各种身体素质以及心理素质等诸方面都得到和谐的发展。在全面锻炼的基础上，有目的、有意识地加强职业实用性形体练习，效果更佳。

4. 放松练习

练习后的放松练习也是不容忽视的。放松练习不仅是为了让身体平静下来，更是为了重新启动你的大脑，通过放松练习带给人一种心理改变，让人主观意识上认为自己的身体已经从激烈运动当中恢复到正常状态了。因此全面锻炼之后需要一个缓冲阶段，让身体和情绪渐渐恢复到平常状态。放松练习以运动强度不大的伸展运动为主，一般20分钟左右为宜。

第四节 形体练习的目标及分类

一、形体练习的目标

从形体练习的目标来看,它首先有课程总目标,其次是教学目标,所以我们就以这两个目标作为形体练习的基本目标。

(一)课程总目标

1.通过形体练习,让学生懂得“美”是道德纯洁、精神丰富和体魄健全的强大源泉。

2.通过形体练习,使学生增进健康、增强体质,身体得到全面发展,从而获得一个“综合美”。

3.结合课程系统的基本要求,通过练习,呈现崭新的视觉效果,在大众面前展示优美的姿态,健康的体型,优雅的形态,积极向上的思想状态。

(二)教学目标

1.知识目标

(1)通过形体课程的学习,使学生了解和掌握舞蹈、体操类的基本理论知识和技巧。

(2)通过对各部分肌肉的练习,使学生掌握身体不同部位的正确运动姿势。

(3)通过接触各种形式的音乐,培养学生的节奏感、韵律感。

(4)在正确完成形体动作的基础上,初步培养学生的表现力,使其展现出自身的魅力和感染力。

2. 能力目标

(1)使学生改变自身的坏习惯,通过规范、科学、严格的形体练习,培养良好的体态,优雅的气质。

(2)使学生掌握各部位肌肉的紧张和松弛能力,在练习中教会学生听音乐,养成跟着音乐来做动作的良好习惯。

(3)让学生在做动作的时候注意美感、乐感等方面的协调,使其艺术表现的综合能力得到提升。

3. 德育目标

提高学生参与意识,培养锻炼学生刻苦、勤奋、团结互助的品质,让其拥有自信、乐观、积极向上的生活态度。

二、形体练习的分类

对于形体练习种类而言,主要可划分为两类:

一类是与人们日常生活中的姿态有关的,可称为人体基本姿态。通常有以下几种姿态的练习,分别为站姿练习、坐姿练习、走姿练习以及卧姿练习等。

另一类是根据专业性分为专业形体练习和非专业形体练习。专业形体练习又分为两种。一种是指对形体要求非常严格的专业运动员或表演者的形体练习,如芭蕾、舞蹈、体操、健美操等。另外一种是指对形体有一定要求的服务类从业者的形体练习,如迎宾等。非专业形体练习是指单纯为了改善形体,提升气质而进行的形体练习。对于并非需要专业形体练习的人而言,如果只是为了对自身形体进行有效塑造,在形体训练时,则需要根据其身体素质,以基本姿态练习为主,降低姿态组合的动作难度。

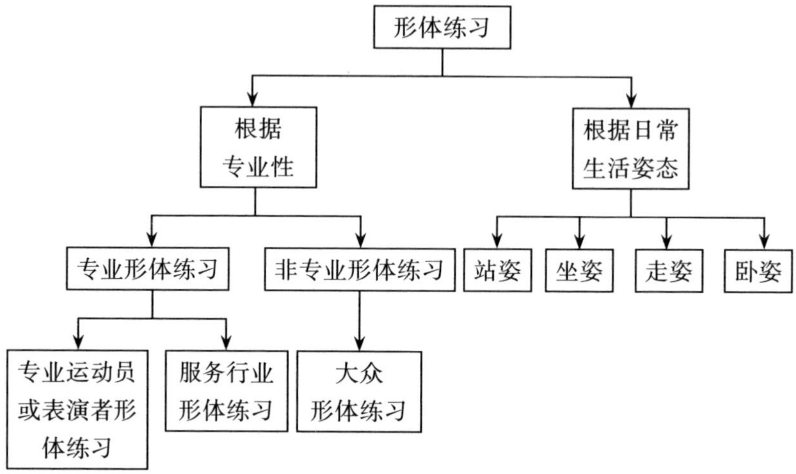
形体练习
根据
专业性
根据日常
生活姿态
专业形体练习
非专业形体练习
站姿
坐姿
走姿
卧姿
专业运动员
或表演者形
体练习
服务行业
形体练习
大众
形体练习

第二章 形体练习的保障体系

本章导读

俗话说,“台上一分钟,台下十年功”。舞者在台上精彩的表演离不开努力的练习。而对于舞者来说,在平时的练习中不小心受伤也是“家常便饭”。那么,如何避免此类问题的产生,在练习中做到既科学又有效呢?相信学习完本章你会有很大的收获!

学习目标

1. 了解形体练习原则,正确认识其在形体练习中的重要意义。
2. 了解对形体练习中常见运动损伤以及应急处理方法。
3. 掌握在形体练习中自我监督的方法。

第一节

形体练习的原则

一、全面性原则

1.全面性原则的含义

全面性原则是指形体练习中要采用各种方法和手段，使身体各部位的各种机能、各种能力都得到全面协调发展。

2.全面性原则的要求

（1）要正确认识全面性原则在形体练习中的重要意义，认识局部和整体的关系。

（2）要想使身体各部位的肌肉都得到全面发展，必须在整个练习中注意合理计划上下肢体的练习、各躯干部位的练习以及针对不足部位的练习。

（3）要运用多种手段、方法，使身体各部位都得到发展。每一种练习都有一定的局限性，而手段的多样化，既可以保证练习的全面性，又可以提高练习者的兴趣和积极性。

二、从实际出发原则

1.从实际出发原则的含义

从实际出发原则是指形体练习中从自身的身体条件和客观实际出发，科学地选择练习内容、方法及负荷，从而使形体练习更符合自己的实际情况，获得最佳的练习效果。

2.从实际出发原则的要求

（1）首先需要对自己有一个正确的认识，了解自己身体的实际情况，这样才能发挥出优势,弥补不足。

(2)要拟定一个符合自己实际情况的目标计划,以便使自己在练习时目标明确,时刻提醒自己,自觉刻苦练习,尽快达到最终目标。

(3)选择自己喜爱的练习方法和手段,不仅可以提高练习的效果,而且可以充分体验到形体练习带来的快乐。

(4)通过一段时间的形体练习,对自己身体的变化和运动机能的提高要及时做出总结。

(5)形体练习的手段、方法、内容的选用要有针对性,针对自己的薄弱环节,有侧重点地进行练习,这样练习的效果会更好。

三、循序渐进原则

1.循序渐进原则的含义

循序渐进原则是指在形体练习中目标的制定、内容的选择、方法的运用、负荷大小的安排要由易到难,由浅入深,逐步提高。

2.循序渐进性原则的要求

(1)目标的制定不宜过高,应是在一段时间的练习后能够达到和实现的,这样可以强化练习的动机,提高自信心。

(2)练习内容及方法的选择、运用、安排要由易到难,山浅入深,逐步提高。

(3)练习内容及负荷要循序渐进地增加,区别对待,因材施教。

四、不间断原则

1.不间断原则的含义

不间断原则是指要坚持多年系统和持续不断地进行科学性练习。如果中断练习,在短时间获得的技术能力和形体变化,将会逐渐消退。只有经过长时间练习,才能使机能和形体发生良好的变化。

2.不间断原则的要求

(1)在选择练习的内容、方法和手段时,要考虑它们的内在联系和系统性,以保证其内容、方法和手段的连贯性。

(2)运动项目贵在坚持,形体练习也不例外,它不是一朝一夕之事,是人一生的追求和梦想。只有长时间坚持不懈,才能收到良好的效果。

第二节 形体练习中常见的运动损伤及应急处理

运动损伤是指在运动过程中发生的各种伤害事故所造成的损伤。对于大众来说，形体练习是一种相对安全的锻炼方式。但是，如果练习者在练习过程中不重视运动损伤的预防，不积极采取相应的预防措施，也可能会产生运动损伤。

一、形体练习中造成损伤的一般原因

1. 练习前未进行充分的热身活动。
2. 练习后未进行充分的放松活动。
3. 练习时未进行充分拉伸。
4. 练习的量过大。
5. 缺乏适当的休息。
6. 所穿的鞋子不适合锻炼。
7. 练习器械不完善。
8. 对身体的某一部位进行了过多的重复练习。
9. 忽视了身体状况。
10. 技术动作不准确。
11. 没有接受充分的练习指导。
12. 练习组织不当。
13. 忽视了练习的安全准则。
14. 缺少必需的营养供应。

二、形体练习中常见的运动损伤及其处理

运动造成人体组织或(和)器官在解剖等意义上的破坏或者生理紊乱为运动

损伤，在形体练习中常见的运动损伤包括以下几种。

1.肌肉拉伤

肌肉拉伤，通常指在外力直接或间接作用下，使肌肉过度主动收缩或被动拉长时造成损伤。受伤后，伤处局部肿胀，压痛，肌肉功能减弱或丧失。拉伤是形体练习中常见的运动损伤之一，其处理办法有：

(1)常规处理：一般施行冷敷局部，加压包扎，并抬高伤肢，24小时后拆除包扎，视伤情处理等。

(2)药物处理：各类跌打损伤药均可视情况而用。

(3)中期处理：改善伤部的血液流动和淋巴循环，促进组织的新陈代谢，使淤血与渗出液被迅速吸收，加速肌体修复。可采用热疗、按摩、拔罐、服用药物及早期功能锻炼等处理方式。

(4)后期处理：增强和恢复肌肉与关节功能。如有瘢痕、硬结和粘连，应进行按摩理疗和功能锻炼，适当使用药物，设法使之软化。

运动损伤	应急处理
肌肉拉伤	(1)常规处理：一般施行冷敷局部，加压包扎，并抬高伤肢，24小时后拆除包扎，视伤情处理等。 (2)药物处理：各类跌打损伤药均可视情况而用。 (3)中期处理：改善伤部的血液流动和淋巴循环，促进组织的新陈代谢，使淤血与渗出液被迅速吸收，加速肌体修复。可采用热疗、按摩、拔罐、服用药物及早期功能锻炼等处理方式。 (4)后期处理：增强和恢复肌肉与关节功能。如有瘢痕、硬结和粘连，应进行按摩理疗和功能锻炼，适当使用药物，设法使之软化。

2.肌肉痉挛

肌肉痉挛又称抽筋，是一种强直性肌肉收缩不能缓解放松的现象，常发生在腿部的腓肠肌、屈拇肌和屈趾肌，冬季发生得比较频繁，这是由于准备活动不充分或穿衣单薄导致肌肉受到寒冷的刺激，或不适应剧烈运动所致。因此在练习中，首先要注意保暖。痉挛发生后，对痉挛的肌肉加以牵引。如小腿肌肉痉挛，可坐在地上，用抽筋的同侧手扶住抽筋腿的膝盖，另一手搬小腿下部，用力向上搬，拉长抽筋肌肉，片刻就能解除；也可用按摩的办法，用手使劲按摩，推、揉、搓抽筋部位。用热毛巾、热水袋热敷也可以解除痉挛。

运动损伤	应急处理
肌肉痉挛	(1)注意保暖。 (2)对痉挛的肌肉加以牵引，如小腿肌肉痉挛，可坐在地上，用抽筋的同侧手扶住抽筋腿的膝盖，另一手搬小腿下部，用力向上搬，拉长抽筋肌肉，片刻就能解除；也可用按摩的办法，用手使劲按摩，推、揉、搓抽筋部位。 (3)用热毛巾、热水袋热敷也可以解除痉挛。

3. 关节韧带损伤

在形体练习中，以肩关节、踝关节、髌骨、腰部关节的损伤最为常见。如在高低不平的场地上运动或运动前准备活动不足，踝关节易发生内翻造成外侧副韧带的扭伤、断裂，甚至骨折。在徒手练习中，因手臂或腿摆幅过大，易造成肩关节和腰部受伤。在举重物练习中，因技术上的错误造成手腕或腿部关节受伤等。这类关节致伤后，一般表现为压痛或疼痛，急性期有肿胀和皮下淤血，关节功能障碍等。关节韧带损伤后，在24小时内先冷敷患处，抬高伤肢，必要时加压包扎。24小时后可采用理疗、按摩、针灸等方法治疗。等疼痛减轻后，可增加功能性练习。对急性腰部扭伤，如果出现剧烈疼痛，则不可轻易扶动，应让患者平卧，并用担架送医院诊治。处理后，卧硬板床或在腰部下面垫枕头，使腰部肌肉韧带处于放松状态，对恢复有明显的效果。

运动损伤	应急处理
关节韧带损伤	(1)关节韧带损伤后，在24小时内先冷敷患处，抬高伤肢，必要时加压包扎。 (2)24小时后可采用理疗、按摩、针灸等方法治疗。 (3)等疼痛减轻后，可增加功能性练习。 (4)对急性腰部扭伤，如果出现剧烈疼痛，则不可轻易扶动，应让患者平卧，并用担架送医院诊治。处理后，卧硬板床或在腰部下面垫枕头，使腰部肌肉韧带处于放松状态，对恢复有明显的效果。

4.关节脱位

在形体练习中，因受外力作用，使关节失去正常的连接关系叫关节脱位，又称脱臼。关节脱位可分为完全性脱位和错位两种。脱位后常出现畸形，即刻发生剧烈疼痛和有明显的压痛，关节周围肿胀，关节功能丧失，有时还发生肌肉痉挛，严重时会出现休克。出现关节脱位后，先用夹板或三角巾固定伤肢，并尽快送医院治疗。如没有整复技术和经验，切不可随意做复位动作，以免加重伤情。

运动损伤	应急处理
关节脱位	先用夹板或三角巾固定伤肢，并尽快送医院治疗。如没有整复技术和经验，切不可随意做复位动作，以免加重伤情。

5.擦伤

擦伤是指在进行形体练习时，皮肤因受挫而破裂、出血或组织液渗出。如果是小面积擦伤，可用碘伏涂抹伤口，不必包扎。若大面积擦伤，则应先用生理盐水洗净后再涂抹碘伏，覆盖消毒布，最后用纱布包扎。如发现有撕裂伤口，则需进行缝合处理。

运动损伤	应急处理
擦伤	(1)如果是小面积擦伤，可用碘伏涂抹伤口，不必包扎。 (2)若大面积擦伤，则应先用生理盐水洗净后再涂抹碘伏，覆盖消毒布，最后用纱布包扎。如发现撕裂伤口，则需进行缝合处理。

6.挫伤

挫伤因练习者相互碰撞或撞击器械致伤。一般性挫伤，在伤处会出现红肿、皮下出血和疼痛。如内脏器官损伤时，则会出现头晕、脸色苍白、出虚汗等症状；重症者还会因内脏出血而引起休克。处理时，轻者在24小时内先冷敷患处，抬高受伤的肢体，必要时加压包扎。24小时后，可施行热敷、按摩。若内脏损伤，应及时送医院治疗。

运动损伤	应急处理
挫伤	(1)轻者在24小时内先冷敷患处，抬高受伤的肢体，必要时加压包扎。24小时后，可施行热敷、按摩。 (2)若内脏损伤，应及时送医院治疗。

7.骨折

在形体练习中，身体某部位受到直接或间接的外界力量的撞击，可造成骨折，常见的骨折有肱骨骨折、尺桡骨骨折、手指骨折、小腿骨折、肋骨骨折等。骨折后患处出现肿胀，疼痛难受，肢体失去正常功能，肌肉可能产生痉挛，骨折部位可见到畸形，严重时还伴有出血和神经损伤，甚至发烧及突发休克等。出现骨折时，切勿随意移动肢体，需先用夹板或其他代用品固定伤肢。如出现休克时，应先施行人工呼吸，若伴有伤口出血，应同时施行止血，并及时护送至医院治疗。

运动损伤	应急处理
骨折	出现骨折时，切勿随意移动肢体，需先用夹板或其他代用品固定伤肢。如出现休克时，应先施行人工呼吸，若伴有伤口出血，应同时施行止血，并及时护送至医院治疗。

三、如何避免受伤

1.练习前后，练习者应进行充分的热身活动和放松活动，特别是四肢和关节的伸展活动。

2.练习者应穿适合自身运动的衣服和鞋。如需用器械，练习者练习前应检查器械是否安全。

3.练习者练习时应注意保持适宜的运动量和强度。练习要循序渐进，由易到难，不要对身体的某一部位进行过多的重复练习。

4.练习者练习时，还应注意同伴间不能相互干扰，要与同伴间保持一定的距离，避免碰撞。

5.练习者应注意劳逸结合，避免过度疲劳，保证充足的休息和营养供应。

第三节
形体练习的自我监督

一、自我监督的目的及意义

自我监督也称自我检查，它是形体练习者在练习过程中，对自己健康状况和生理功能变化连续地观察并定期记录。其目的在于评价练习结果，调整练习计划，防止过度疲劳和运动损伤，更有利于提高健康水平。同时，经常进行自我监督能够增进信心，坚持科学练习，防止练习过度或不足，对提高练习效果和养成良好运动卫生习惯等有着重要意义。

二、自我监督的方法

为检查机体对运动负荷的反映，可采用以下两种方法。

1. 自我感觉监督法

(1)练习的心情：形体练习后，感觉良好，精力充沛，身心愉快，渴望继续锻炼，说明运动量适度，反之，浑身软弱无力，精神萎靡，情绪不稳定，对练习失去兴趣，甚至厌倦，说明练习不当，需要减少运动量。

(2)练习后的食欲：经过一段时间的形体练习后，如果食欲良好，说明运动量适宜；如果食欲减少，甚至厌食，说明疲劳过度，需要适当减少运动量；如果练习前后的食欲无变化，则可能是运动量不足，应调整运动量。

(3)练习后的睡眠：睡眠是身体消除疲劳最基本的途径之一，它在消除疲劳中起着其他方面不可替代的作用。运动量适当的反应是入睡快、少梦、不易被轻微响声惊醒，晨起精神饱满；运动量过度的反应则是入睡慢、易醒、多梦、晨起仍感困乏。

(4)对其他不良反应，如：头痛、头晕、恶心、气喘、上腹部或心前区疼痛、排汗量增加、四肢无力等，可通过适当休息及调整运动量缓解，随着练习水平的不断提高，这些症状及不良反应会随之消失。

2. 测量检查监督法

（1）测量脉搏频率：普通成人安静时脉搏频率为60—100次/分。可在练习后5—10分钟测一下脉搏的频率，因为在这段时间后，健康人的脉搏基本上已恢复到正常水平。脉搏频率恢复得慢，说明负荷量过大，或健康状况欠佳。若属后者，则应找医生检查治疗。

40岁以上的人练习时，脉搏频率的波动范围为100—130次/分。40岁以下的人练习时，脉搏频率的波动范围为130—150次/分。经过3—6个月的系统练习后可逐步使40—45岁的人承受脉搏频率达到130—150次/分的负荷练习，持续时间10—15分钟，这样既可改善心血管系统的功能又能使脂肪代谢加强，从而有效地减轻体重。脉搏频率达到170—200次/分的长时间、大负荷的练习，只有年轻人和训练有素的人才能承受。

（2）测量血压的变化：练习前先测量一下血压并记录下来以便对照。普通成人安静时，收缩压为90—130毫米汞柱，舒张压为60—90毫米汞柱。

如锻炼后血压的变化为：（1）收缩压上升明显，舒张压亦上升；（2）收缩压上升不明显，甚至下降，而舒张压上升；（3）恢复原血压数值的时间延长；（4）早晨血压比锻炼前高20%以上，或经常保持在140 /90毫米汞柱。以上四种状况说明运动量过大，身体机能反应不良，应酌情减少运动量。

第三章 形体基本动作练习及组合

本章导读

形体练习将人体多种有效自然动作的形体塑造方式艺术化，通过舒展优美的身体基础动作练习，塑造优美的体态，培养高雅的气质，全身的各个关节都能得到充分活动。形体练习能使机体得到均衡发展，纠正生活中不良的姿态与习惯，促进肢体的协调与流畅，舒缓与优美。

学习目标

1. 了解形体练习的基本方位，掌握常用的基本站立位置和常用站立的基本姿势。

2. 掌握头、颈、手臂、胸部、腰部基本动作练习及组合。

3. 掌握脚在练习中转、摆、踢的动作:和四肢前后、左右、上下的交替变化。

4. 掌握促进形体练习发展的力量和柔韧性等素质练习。

第一节

站姿练习及组合

人的仪态美，是可以通过优美的形体姿态来体现的，而优美的姿态又是在正确的站姿基础上发展起来的。优美的站姿，关键在于背要挺直，同时收腹、立腰、提气、肩下沉，这样会给人一种精神振奋的感觉。从正面观看，全身笔直，精神饱满，两眼正视，两肩平齐，两臂自然下垂，两脚跟并拢，身体重心落于两腿正中；从侧面看，两眼平视，下颌微收，挺胸收腹，腰背挺直，手中指贴裤缝，整个身体庄重挺拔。因此，站姿作为仪态美的起点和基础，应当得到重视和有效练习。通过站姿练习，可以提高练习者在各种情况下保持良好的身体形态的能力。

一、场地的基本方位

为了便于练习者更好地辨明做动作的方向、路线和位置，在场地上以练习者的正前方向为基点，定为1点，然后按顺时针方向，每45°为一个基本方位，共分8个方位（也称1—8点）。场地正前为正中点，即场中央。

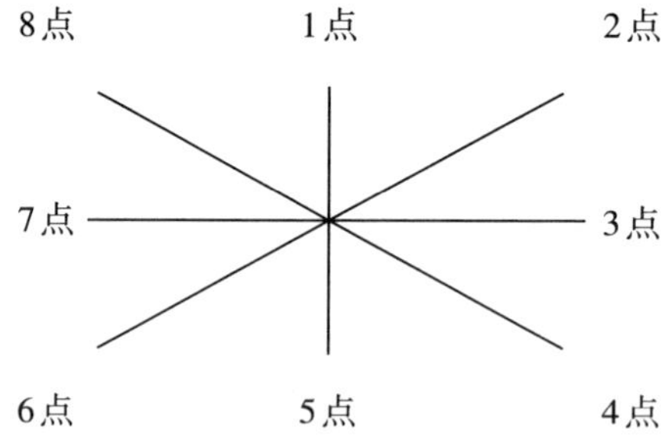

场地方位

二、站姿练习及组合

(一)常用的基本站立

优美的站姿,关键在于背要挺直,同时收腹、立腰、提气、肩下沉,这样会给人一种精神振奋的感觉。从正面观看,全身笔直,精神饱满,两眼正视,两肩平齐,两臂自然下垂,两脚跟并拢,身体重心落于两腿正中;从侧面看,两眼平视,下颌微收,挺胸收腹,腰背挺直,手中指贴裤缝,整个身体庄重挺拔。

1.做法

(1)并步:两脚并拢,脚尖向前。

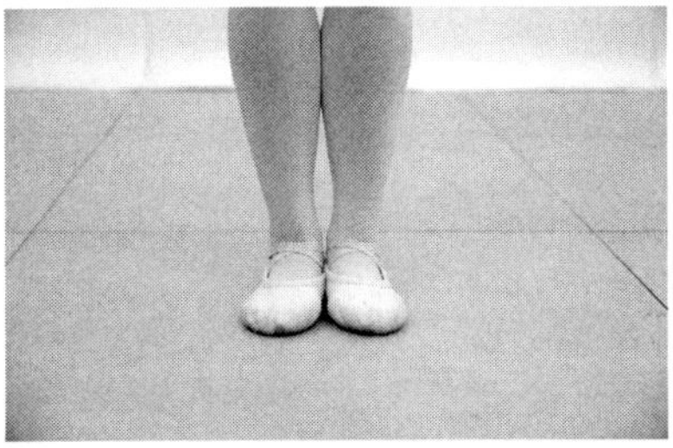

(2)自然位(小八字步):两脚跟靠拢,两脚尖向斜前方成“八”字形。

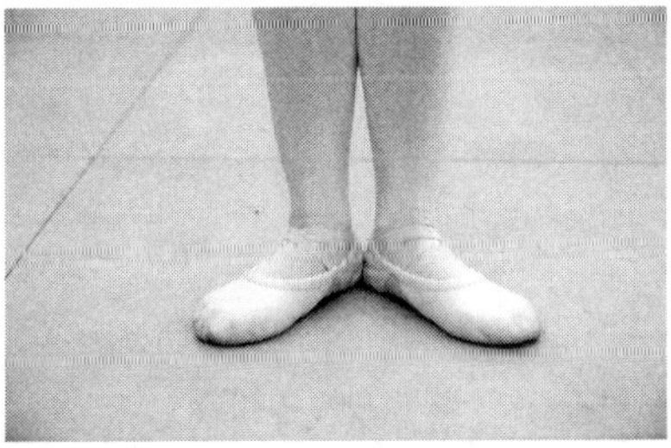

(3)开立:两脚侧开,相距约同肩宽,脚尖指向前方。

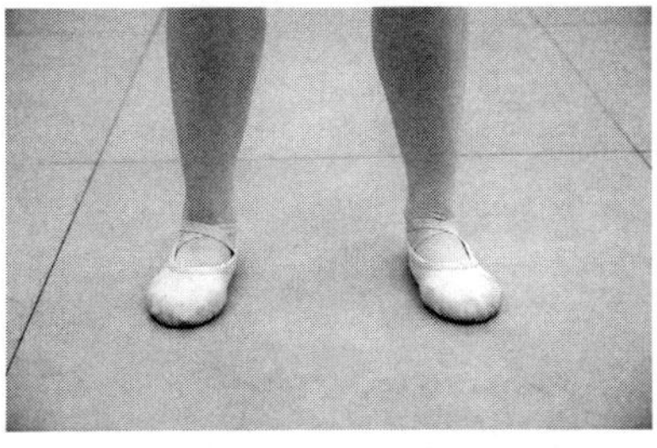

(4)丁字步：一脚脚跟在另一脚脚弓处，两脚尖指向斜前方成“丁”字形。

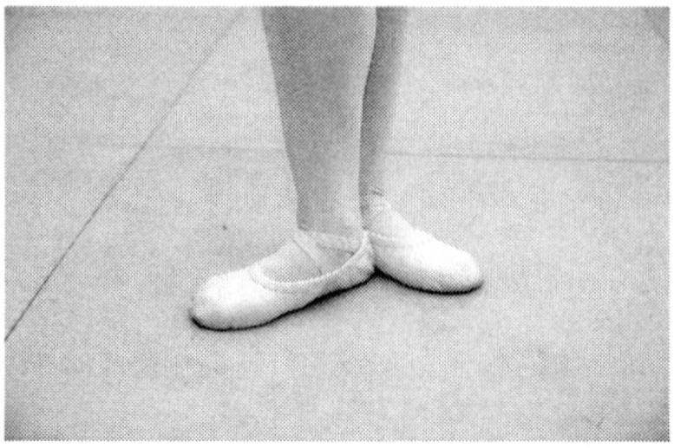

(5)点立：一脚站立，另一脚向前(侧、后)伸出，脚尖点地，前(侧、后)点地时脚背绷直向外。

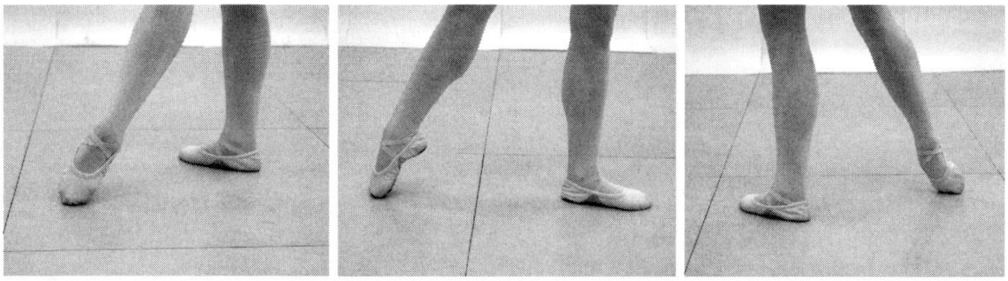

2. 动作要点

站立时两脚位置准确，两腿和臀部肌肉向身体中线方向收紧。收紧腹臀、挺胸、立腰、两肩下沉、头正直，保持稳定的重心和挺拔的姿势。

3. 练习方法

(1)靠墙站立。

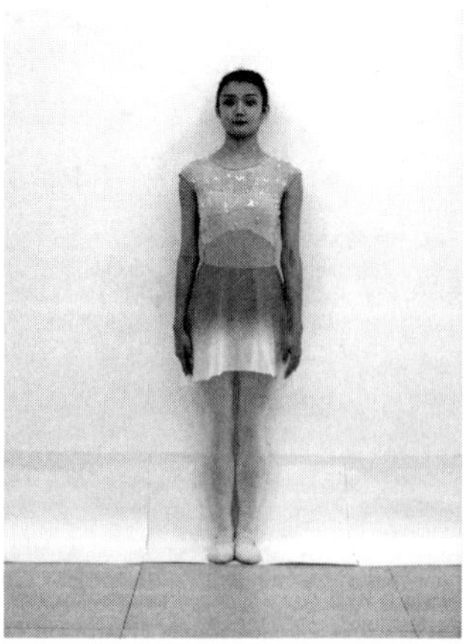

(2)扶把练习,体会正确姿势。

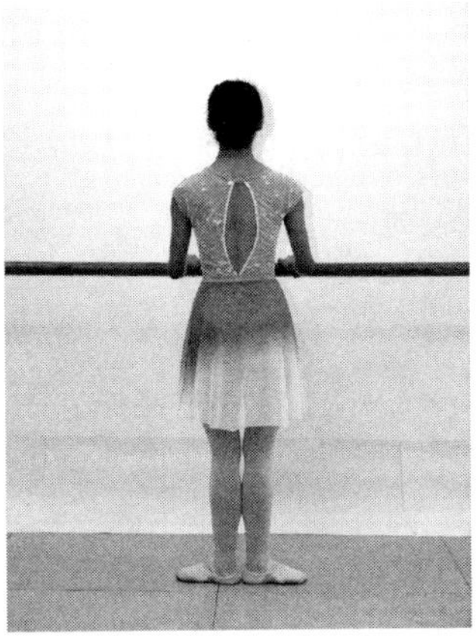

(3)脱把练习各种站立姿势,结合简单的手臂动作,注意每个动作应保持一定时间。

(4)配乐进行站立姿态的组合练习。

(二)芭蕾舞的基本脚位练习

1.做法

(1)一位:两脚脚后跟靠拢,双脚脚尖向两侧呈一字形,大腿内侧夹紧。

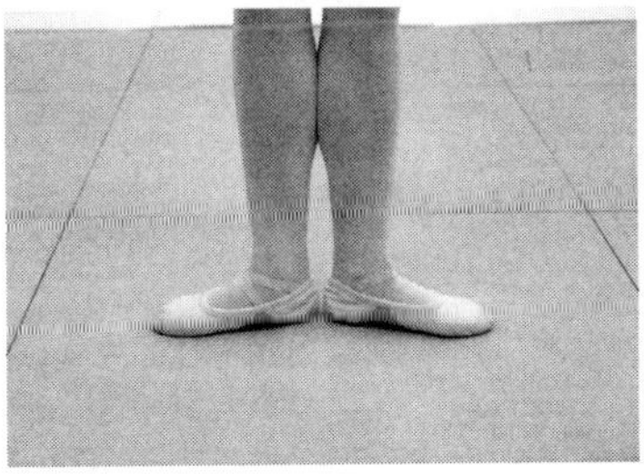

(2)二位:在一位的基础上,两脚脚跟分开,两脚脚跟相距约一脚的长度。

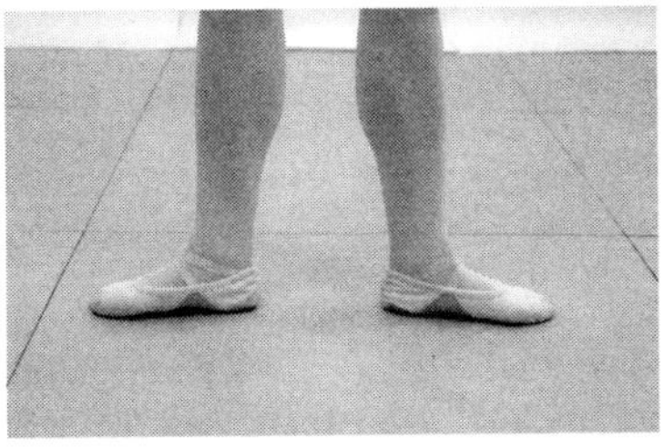

(3)三位:一脚位于另一脚之前,前脚跟靠后脚弓处,两脚脚尖向外,方向相反。

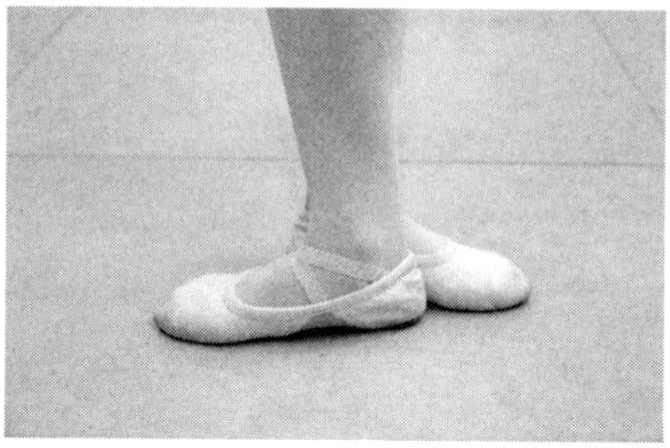

(4)四位:两脚外开状,一脚在前,一脚在后,保持两脚前后平行,两脚脚尖向外,方向相反,重心在两脚中间。

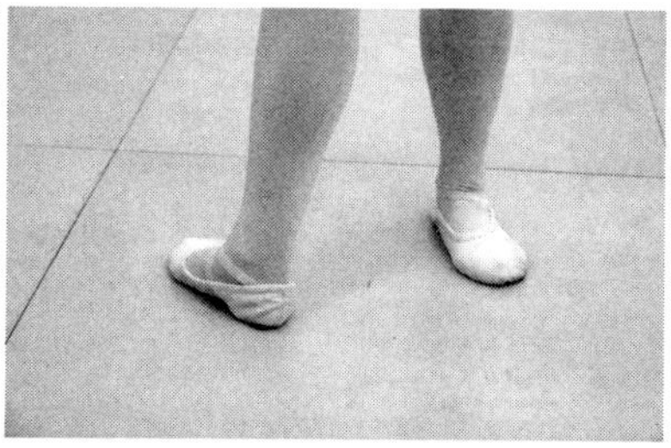

(5)五位:两脚前后平行相靠并拢,两脚脚尖向外,方向相反,大腿夹紧。

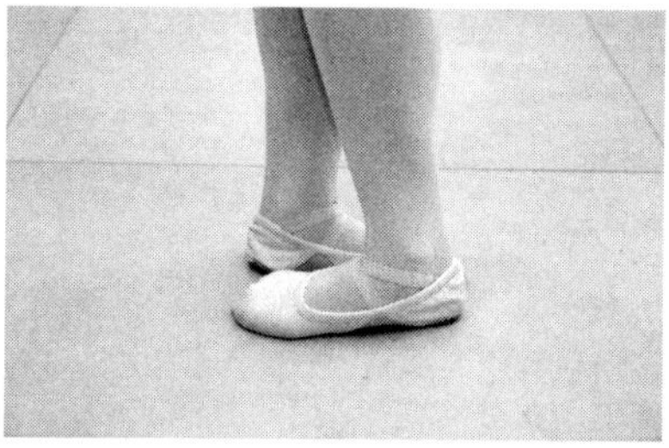

2.动作要点

(1)站立时髋部保持正直,提胯,腿部、臀部肌肉向上收紧,大腿内侧肌夹紧。收腹立腰,肩下沉,下颚内收,目视前方。

(2)在做一位、二位时,保持双脚脚尖向外呈一字形。

(3)背打直,抬头挺胸,防止弯腰驼背。

(4)脚位练习要求有较好的开度,即从髋到腿、到脚都要外开。

3. 练习方法

（1）若练习者的髋部、腿部开度暂时达不到要求，可先从大八字或小八字练起，逐渐增加难度，以免造成损伤。

（2）对着镜子配乐进行练习，及时纠正错误动作。

（3）可利用墙壁或把杆帮助练习。

三、站姿动作组合练习

1. 站姿动作组合练习 1　　配乐 01　　口令 02

2. 站姿动作组合练习 2　　配乐 03　　口令 04

第二节

上肢动作练习及组合

上肢动作练习及组合主要包括对练习者头、颈、肩、手臂、胸及腰部的练习。人的姿势主要通过脊柱弯曲的程度、四肢以及头的部位等来体现，正确优美的姿势，不仅体现人的整体美，还反映出一个人的气质与精神风貌。通过上肢动作的练习，培养正确的身体姿态、协调性、节奏感及表现力。

一、头、颈部动作练习

头部姿势的变化是通过颈部的运动而实现的，而头、颈部的正常位置是头正颈直，略收下颌。

头、颈部的基础练习：转头练习，低头、抬头练习，头、颈绕环练习。

1.做法

(1)转头练习

坐立或站立状态，挺胸、立腰、头正、颈直，双眼平视前方。头向左侧或右侧转动，至下颌对着左肩或右肩时控制5秒钟，再还原，交替进行，每侧练习10次为一组。

(2)低头、抬头练习

坐立或站立状态，挺胸、立腰、头正颈直，双眼平视前方。收紧下颌，缓慢低头，下颌找胸椎上端，控制5秒钟，再还原。下颌逐渐上抬，头后仰，做头后屈，运动至最大限度时控制5秒钟，再还原。屈伸10次为一组，亦可向侧做左右侧屈。

(3)头、颈绕环练习

坐立或站立状态，头先慢慢前屈，由前屈状态向左旋转至左侧屈，继续向左后方旋转至后屈，再向右旋转至右侧屈，最后旋转至初始状态，反复练习。方向与动作同上。注意绕环动作不可过快，应根据自己情况选择屈伸的最大幅度。

2. 动作要点

颈部放松，头顶画大弧，两肩下沉，两眼平视，胸部动作协调配合。

3. 练习方法

（1）慢节奏体会头部运动的方向、颈部拉长的感觉。

（2）改变颈部屈伸的节奏。

（3）结合各类身体动作练习低头、抬头、转头以及屈、转相结合等动作。

二、手臂动作练习

手臂姿势的变化实质上是手臂屈、伸的变化和各关节屈、伸程度的变化以及屈、伸与前臂旋前、旋后的结合。手臂的练习应是从手开始，即使进入其他内容的练习，仍需时时注意手的形状，做到手形能够自如地随着臂形和动作的变化而变化。

（一）常用手型

1. 芭蕾舞的基本手型

五指自然放松，拇指与中指稍向里合，拇指稍内扣对着中指，食指略伸，其他三指自然靠拢。

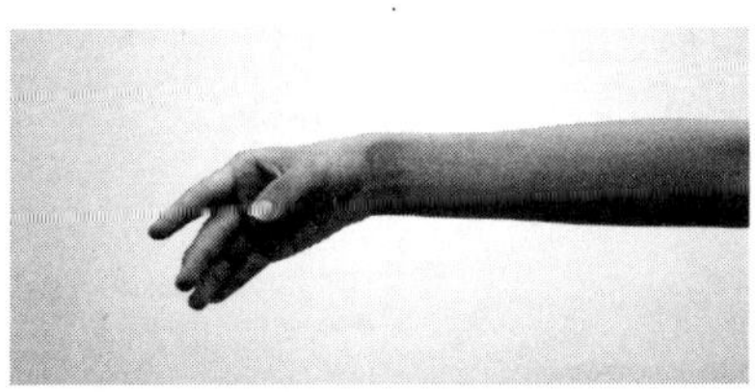

2. 健美操的并拢式手型

五指伸直，相互并拢。拇指微屈，指关节贴于食指旁。

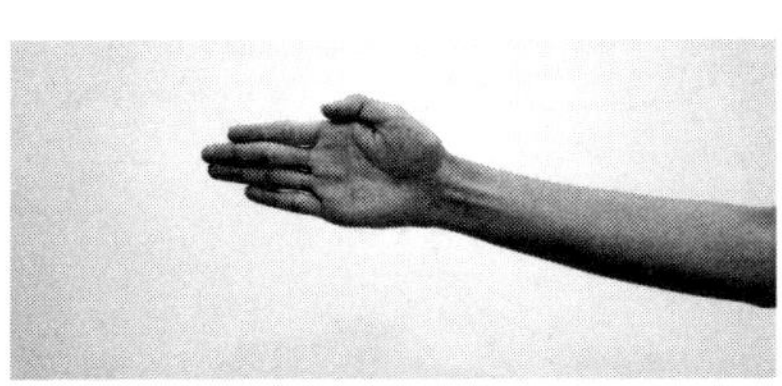

3.健美操的分开式手型

五指用力伸直,充分张开。

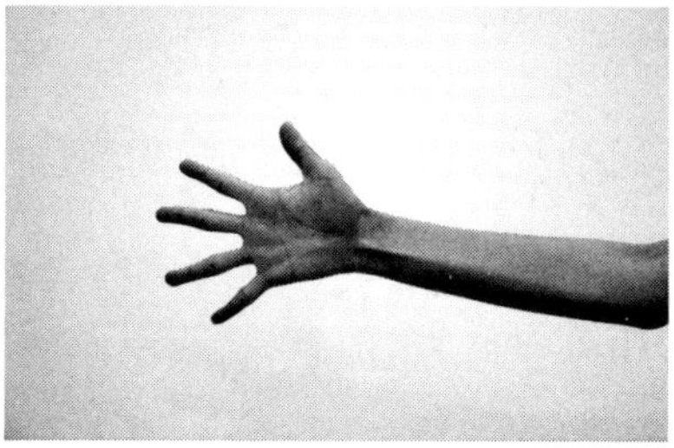

4.健美操的拳式手型

握拳,拇指在外,指关节弯曲,紧贴于食指和中指。

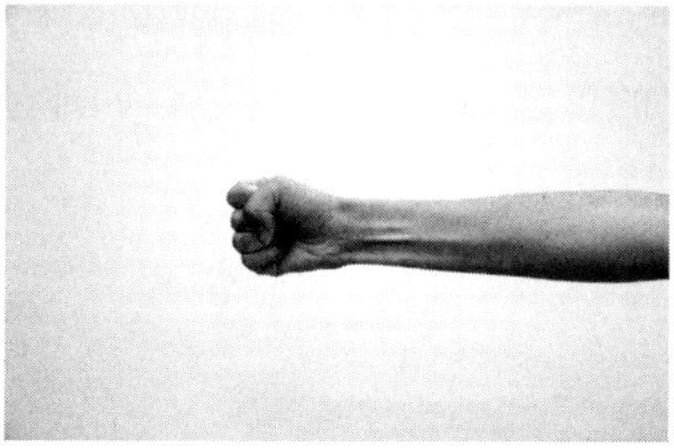

5.古典舞的兰花手

拇指与中指指节微贴,使虎口自然与手掌合拢,形成以中指为主要用力点,带动其余三指指尖上翘的形态。

（二）手臂练习

1.常用手臂举的基本位置

（1）做法

前举——两臂与肩平，同肩宽，掌心朝下。前上举时动作同前平举，以大臂带动手肘，小臂抬起至前上举，掌心向下。前下举时动作同前平举，只是两臂举至身体前下方。

上举——两臂上举，掌心向前或向内均可。

下举——两臂自然下伸，与站立时手臂的位置相同，掌心向内。

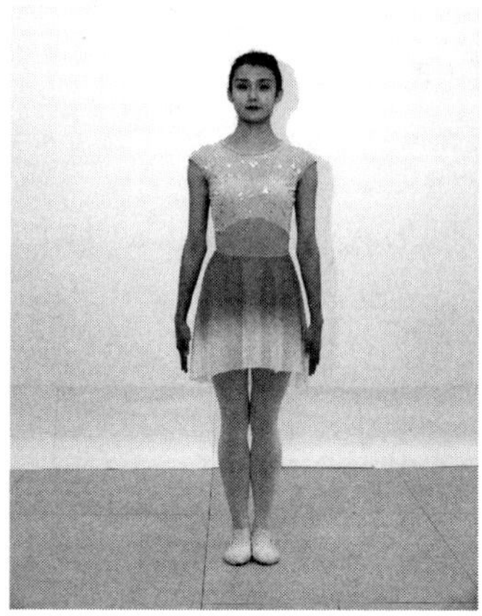

侧平举——以大臂带动手肘，小臂抬起至侧平举，保持两臂与肩平，掌心向下。

侧上举——两臂侧上举45°，掌心向内或向外均可，手腕处不应有突起或尺偏。

侧下举——两臂侧下举45°,掌心向下。

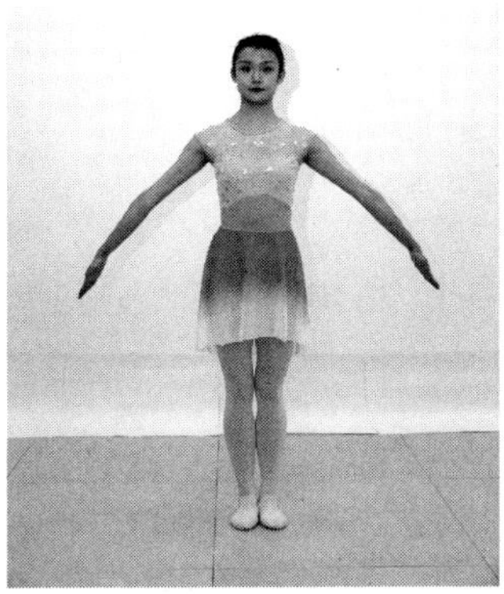

后斜下举——两臂位置在后下45°,掌心向上或向内。

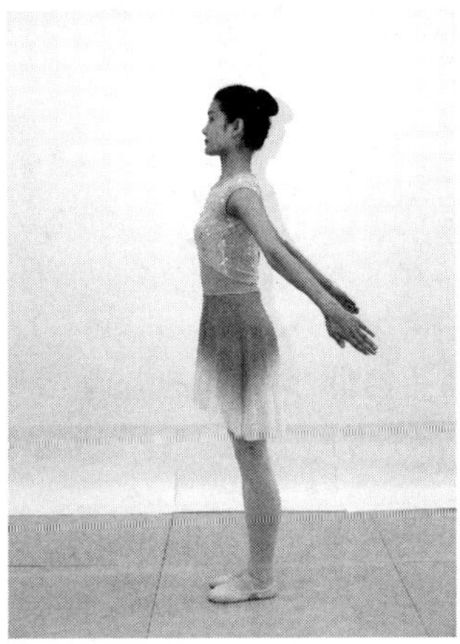

以上是两手臂同方向的动作,还有不同方向的动作,例如:一臂前举,另一臂前上举;一臂前上举,另一臂后下举;一臂侧上举,另一臂侧下举。

(2)动作要点

①练习时,保持挺胸,收腹立腰,两肩自然放松,手臂、手腕自然伸直,身体重心保持平稳,头部配合协调。

②位置准确,动作伸展,幅度大,有美感。

(3)练习方法

练习时由易到难,先分别进行各种手臂位置的练习,基本掌握后可进行连贯性练习,最后结合不同身体姿态,变换各种手臂位置进行组合练习。

2.芭蕾舞手臂的七个基本位置

芭蕾舞手臂的基本要求:肩放松,肘、手腕自然微屈,手臂呈弧形,手指自然伸长,拇指与中指稍向里合,呈芭蕾舞基本手型。

(1)做法

一位:两手臂呈弧形于前下方,指尖相对,掌心稍向内。

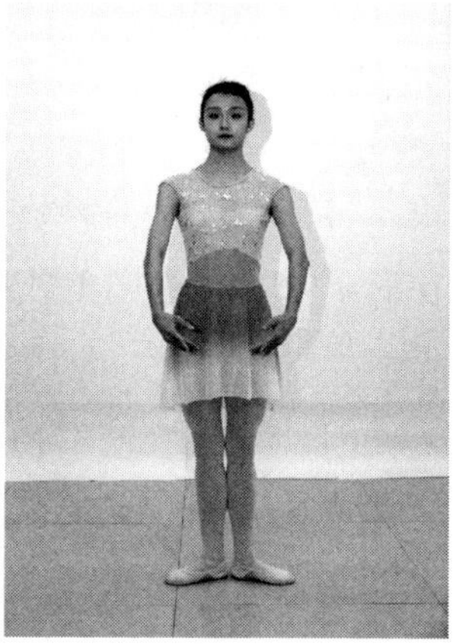

二位:两臂保持弧形前举(稍低于手和肩),掌心向内。

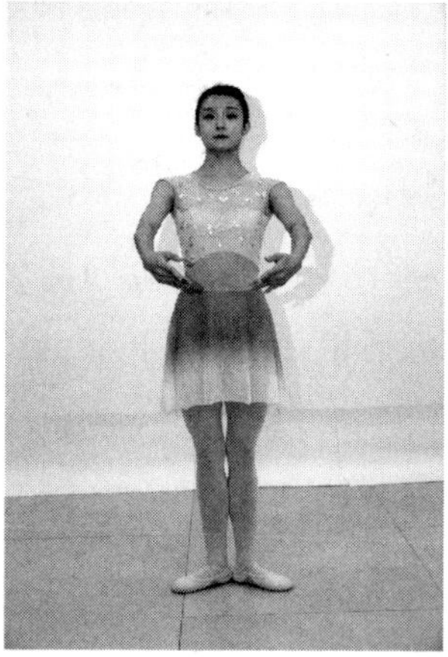

三位：两臂保持弧形上举(稍上前)，掌心向内。

四位：一臂上举，保持在三位，一臂回落保持在二位。

五位：一臂上举，保持在三位，一臂侧举，掌心向前下方。

六位:在三位的手下落到二位,另一臂侧举保持不变。

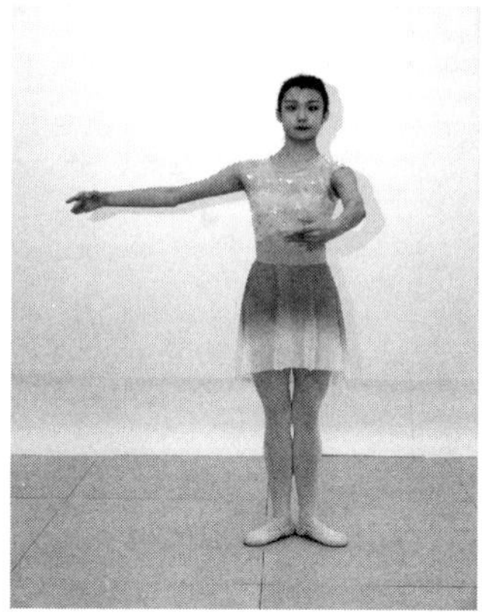

七位:两臂侧举,掌心向前下方,肘稍向上抬。

(2)动作要点

①做手臂动作时,上臂不要接触身体。

②手指放松,手臂从肩至各指关节保持柔和的线条。

③手臂上举时,以上臂带动前臂,肩部下沉,不要耸肩。

④手形随臂形变化,当手臂伸直时,手腕和手指随之伸展。当手臂成弧形时,手指、手腕随之放松呈圆滑的弧线,肘部向远顶,使手臂幅度增大。

⑤呼吸配合,眼随手走。

(3)练习方法

①分别进行各种手臂动作练习,体会正确位置和用力方法,并保持动作优美。

②掌握单个动作后，可进行动作的组合练习，变换手臂之间的配合方式。

③配合音乐进行组合练习。

④易犯错误及纠正方法：动作不够准确，美感不够，可以利用镜子，对照着摆动作，直至动作准确，美感充分，反复练习深入体会动作要领。

三、胸、腰部动作练习

在形体练习中，通常将胸部和腰部练习同时进行。

（一）胸部练习

优美的胸部曲线是形体练习中的重要因素。经常做胸部练习，可以保持胸部的健美感。而对于弯腰驼背的人来说，经常做胸腰练习，可以逐渐使后背挺拔，展现形体美。

1.做法

（1）双手扶把，一位脚站立，头带动胸向后仰，两肩打开向后延伸，同时腰部以下保持直立。

（2）双手扶把，一位脚站立后立踵，头带动胸向后仰，两肩打开向后延伸，腰部以下保持直立。

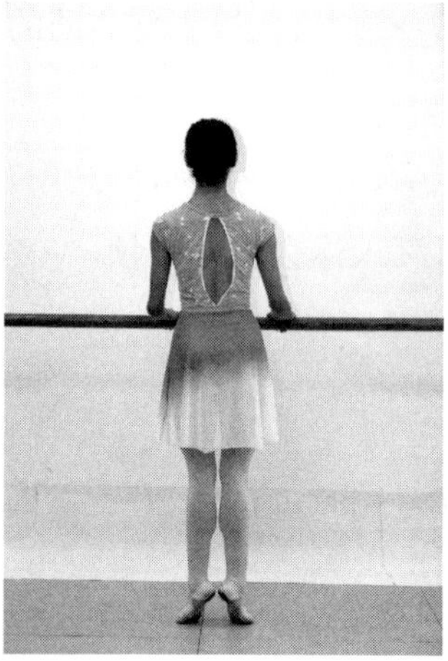

（二）腰部练习

腰是人体的轴心，是连接人上身与下体的枢纽，是练习动作时发力的关键。腰部既是动作美感的核心，也是形体练习中非常重要的一环。经常做腰部练习，可以锻炼脊柱的软度、腰背肌肉力量及韧带的弹性，塑造出线条优美的腰背部。

1.做法

(1)下前腰：抬头，挺胸，上身向下屈，尽量用小腹去贴近大腿，上身保持正直向前弯，感觉到腿后部充分拉伸，腰背韧带充分伸展，直到手触地，然后直起慢慢还原。注意腰背挺直，不要弯腰驼背。

(2)下侧腰：正对把杆，一位脚站立，一手扶把，外侧手臂呈三位，外侧手臂随上身一同向旁弯曲，挺胸，使外侧髂腰肌及腰韧带充分伸展。

(3)下后腰:正对把杆,一位脚站立,下后腰时双脚八字步站立,双手上举,重心在两脚上。眼看手,从手、头、颈、胸、腰一节一节向后弯下,头去找臀,直到双手或单手撑地,头不能放松,眼慢慢看向地面。起时双腿用力往前,从下肢开始一节一节起,收腹立。

(4)腰绕环:是指胸腰、中腰和大腰在不同状态下,朝正反两个方向的水平面进行或快或慢的圆周运动。初学者在做腰绕环时,可将两腿分开伸直。眼随手动,手带动头、上身往最远的路线划圆。在动作过程中,上身前屈、旁侧时身体尽量呈90°,后仰时,动作幅度尽量大。

2. 动作要点

（1）下腰时，切记不能弯腰驼背，不能耸肩。

（2）做腰绕环时，膝关节尽量不要弯曲，不要耸肩，手臂尽量远伸，用手带动头、胸、腰部的远伸动作，上身保持在一个水平面上，不能有停顿和上下起伏，需要强有力的腰部控制能力。

3. 练习方法

（1）徒手练习或利用把杆进行练习；单人练习或在队友帮助下进行练习。

（2）可以利用全身镜进行练习，调整动作，直至动作优美、准确。

（3）配乐进行组合练习，跟随舒缓的音乐进行每一个腰部动作的练习，体会胸、背、腰的拉伸感。

三、上肢动作组合练习

1. 头、颈部动作组合练习　配乐05　口令06

2. 手臂动作组合练习1　配乐07　口令08

3. 手臂动作组合练习2　配乐09　口令10

4. 胸、腰部动作组合练习　配乐11　口令12

第三节

下肢动作练习及组合

下肢动作练习主要包括腿、脚部的练习。腿、脚部姿态是形体练习中的重要组成部分，在形体练习中，既存在转、摆、踢的变化，又有四肢前后、左右、上下的交替变化，这其中的每一个动作都需要运用到腿部和脚部才能完成。腿、脚部动作的协调性和灵活性对形体练习的作用非常大，它能使形体练习更加专业化。

一、脚踝的基本动作练习

（一）绷脚尖

通过绷脚尖锻炼脚踝的灵活性。同时，因为小腿后部的肌肉得到拉伸，促使小腿肌肉绷紧，达到瘦小腿的功效，还能帮助改善下肢的血液循环，预防静脉曲张。绷脚尖可以和勾脚尖连起来做，效果更好。

1. 做法

练习者坐于垫子上，上身保持正直，双腿靠拢并向前伸直，双脚的脚踝伸展，脚尖向前下方用力，脚背拱起，与腿部形成流线形。

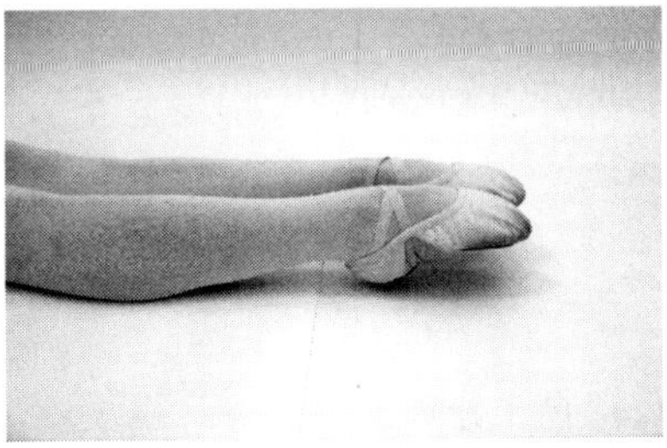

2. 动作要点

双脚脚尖尽量前伸，以达到最大幅度。最开始练习时，坚持尽量长的时间。

3.练习方法

(1)双脚绷脚尖练习,保持1分钟。

(2)双脚同时绷脚尖和勾脚尖交替练习。

(3)一脚绷脚尖,一脚勾脚尖交替练习。

(4)配乐进行组合练习。

(二)勾脚尖

同样的,通过勾脚尖能锻炼脚踝的灵活性。同时,因为小腿后部的肌肉得到拉伸,促使小腿肌肉绷紧,达到瘦小腿的功效,还能帮助改善下肢的血液循环,预防静脉曲张。

1.做法

练习者坐于垫子上,上身保持正直,双腿靠拢并向前伸直,双脚的脚尖用力回勾,脚跟向外用力蹬,与腿部形成曲线形。

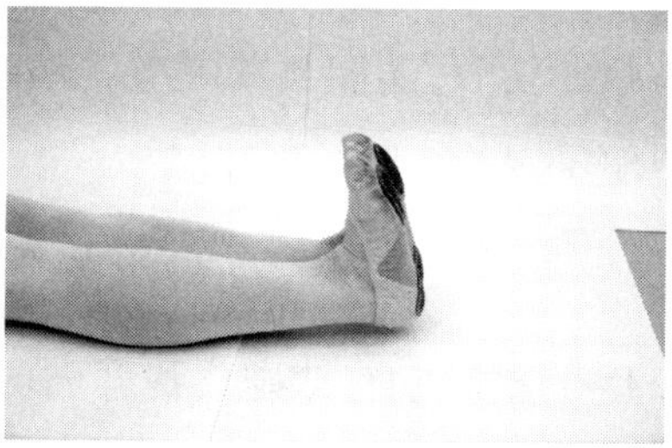

2.动作要点

双脚脚尖尽量往头部拉伸,以达到最大幅度。最开始练习时,坚持尽量长的时间。

3.练习方法

(1)双脚勾脚尖练习,保持1分钟。

(2)双脚同时绷脚尖和勾脚尖交替练习。

(3)一脚绷脚尖,一脚勾脚尖交替练习。

(4)配乐进行组合练习。

二、腿部的基本动作练习

（一）腿的弹动

通过腿的弹动可发展下肢各关节的灵活性、柔韧性、弹性及力量等，建立腿部肌肉的正确感觉，提高腿部控制能力。弹动包括屈膝弹动、起踵弹动和弹腿动作，是踝、膝、髋关节同时屈、伸的一种练习。

1. 做法

（1）屈膝弹动：由站立位开始，两臂自然放于体侧并伸直。两腿有节奏地做膝部的屈和伸的连续动作，屈膝时上身保持正直，不要弯腰驼背，不要耸肩，节奏可快可慢。

（2）起踵弹动：两臂自然放于体侧并伸直，两脚提踵，有节奏地做脚跟下压和提踵的动作，提踵时成收腹立腰、抬头挺胸姿势，节奏可快可慢。

（3）弹腿：两臂自然放于体侧并伸直，一脚站立，另一腿经屈膝举起，向前（侧、后）伸腿的连续动作。

2. 动作要点

（1）屈膝弹动时两腿膝关节同时弯曲，紧接着同时充分伸展；屈时稍含胸，伸时上身充分挺直。

（2）屈伸要柔和连贯，有弹性、有节奏、有力度。

（3）起踵弹动时，起踵要迅速，落踵要有力，伸直时重心向上，充分立踵，大腿和臀部肌肉收紧。

（4）注意弹腿时保持稳定的重心，腿被动弯曲、主动伸展，屈、伸动作连贯。

3. 练习方法

（1）由扶把练习过渡到两手叉腰并练习屈膝弹动和提踵弹动。

（2）单脚站立，练习屈膝弹动和提踵弹动。

（3）站立练习弹腿。

(二)腿的摆动

腿的摆动主要是以髋关节为轴,向前(后、侧)方向的摆起动作。可原地做,也可行进间进行。动作形式包括自然摆动和快速有力踢腿。

1.做法

(1)前、后摆腿:自然位站立,两臂侧举。左腿伸直,绷脚尖向前摆至前举,同时两手臂经下摆至右臂前举,左臂侧举;接着左腿伸直,绷脚尖向后摆动,同时两手臂经下摆至左臂前举,右臂侧举。练习时摆动腿也可屈膝前、后摆动。

(2)前踢腿:自然位站立,双手叉腰或双臂侧举。右脚向前一步,重心移至右腿上,接着左腿膝和脚面绷直,以髋为轴,快速有力地向正前上方踢起,身体保持正直,左腿向前落地。换腿做,动作相同。

(3)侧踢腿:自然位站立,两臂侧举。右脚向左前方迈一步,左腿快速有力地向侧上方踢起,膝和脚面绷直向上,膝盖对准肩,踢至最大限度,髋要打开,不可内收,两手臂由体侧向上方摆动。还原,上左脚,踢右腿。

(4)后踢腿:自然站立,两臂侧举。上右脚,重心移至右腿上,左腿用力向后上方踢,膝和脚面绷直,稍外旋,踢至最大限度,上身前倾,抬头挺胸。踢起时,两手臂由体侧向后上方摆动。还原,上左脚,踢右腿。

2.动作要点

(1)前后摆腿时,以髋为轴,利用惯性力,自然前后摆动。要求动作协调,自然放松,到位准确。

(2)踢腿时,摆动腿及支撑腿要伸直,踢腿时脚尖发力,保持快而有力,并有控制地落下;保持髋正,收腹立腰,不耸肩,动作协调有力,腿的方向及姿势准确。

3.练习方法

(1)利用把杆练习摆腿动作,动作由小到大。

(2)站立或行进间练习。

(3)配合音乐进行腿部的组合练习。

三、下肢动作组合练习

1. 脚踝动作组合练习　　配乐 13　　口令 14

2. 腿部动作组合练习　　配乐 15　　口令 16

第四节 身体素质练习

身体素质练习是形体练习中最重要的内容之一。它是通过规范性地对肩、胸、腰、腿、髋等部位进行练习来提高机体活动能力，促进身体的正常发育，增强身体的支撑力量和柔韧性，加大挺拔的力度和动作的幅度，从而为塑造良好的身体外形、提高人体的控制力打下良好的基础。在形体练习中，最重要的素质就是力量和柔韧性，它们的好坏直接影响到形体的控制力和表现力。形体素质练习的方法、内容丰富，在练习中应该本着循序渐进的原则，根据学生的接受能力安排学习内容，以免发生伤害事故。

一、柔韧练习

柔韧性，是指人体关节活动幅度以及关节、韧带、肌腱、肌肉、皮肤和其他组织的弹性和伸展能力，即关节和关节系统的活动范围。柔韧性练习的目的在于增强韧带和肌肉的伸展能力，加大关节活动范围，提高机体的工作能力，以增大运动时的动作幅度，使举手投足间，身体能更舒展，能更有效地展示形体美。

柔韧性是形体练习中最重要的素质之一，它反映出完成动作幅度大小、柔美舒展的能力。根据形体练习的特点和要求，着重发展肩、胸、腰、髋等部位的柔韧性，主要是进行增加动作幅度的练习，练习时应循序渐进，以最大幅度来进行。形体柔韧性练习包括地面练习和地上练习两个部分。地面练习以躺、卧、坐、压、耗、掰、开、绷、直、拧、倾、曲为主，是针对身体各关节的韧带和肌肉进行拉伸的练习；地上练习以压、撕、吊、踢、拧、倾、曲为主，主要是为了扩大关节的幅度，使关节上的韧带和附着于关节周围的肌肉具有更强的弹性力量。形体柔韧性练习的部位包括手、臂、肩、胸、腰、背、髋、腿等。

（一）手臂、肩部柔韧性练习

下面介绍几种手臂、肩部柔韧性练习的方法。

1. 练习一：手臂侧后拉伸练习

（1）做法

双脚自然开立，双脚距离约同肩宽。先弯曲右侧手臂，尽量放在头部后侧，左手握住右手手肘向左下侧用力拉伸。还原，做左手臂侧后拉伸练习，动作相同，方向相反。

（2）动作要点

挺胸，抬头，肩下沉，体会手臂和肩部的拉伸感。

（3）练习方法

①若初学者拉手肘有困难，可先拉住手腕进行练习，逐步增加难度。

②练习 2×8 拍之后稍控制，还原，左、右手反复练习。

2. 练习二：手臂向后拉伸练习

（1）做法

双脚自然开立，双脚距离约同肩宽。双手相握于体后伸直，然后上身慢慢前屈，抬双臂至最大限度，稍控制，然后还原成预备姿势。此练习也可采用坐姿进行。

(2)动作要点

双手臂伸直后,夹臂、抬头,挺胸。

(3)练习方法

跟随音乐节拍练习,在最大限度处稍保持,保持上身和双臂匀速前屈和后抬。还原,反复练习。

3.练习三:拉伸肩部练习

(1)做法

面向把杆,双脚打开略宽于肩,双手搭在把杆上。身体尽量下压,充分拉伸肩带,控制2×8拍,反复练习。

(2)动作要点

直臂挺胸,双腿伸直,肩关节放松。

(3)练习方法

①借助把杆,双手扶把进行练习,在身体下压到最大限度时稍保持。

②可由帮助者缓慢按压练习者的背部,使其体会肩部拉伸感。

③也可让两个人辅助练习,加大动作的幅度与难度。

4.练习四:站立开肩练习

(1)做法

练习者站立,双手抓伸展带,双臂分开大于肩宽。双臂伸直,上举,绕过头顶后尽量向下方落。还原,反复练习。

(2)动作要点

练习者不屈肘,双臂伸直,抬头,挺胸,肩关节放松。

(3)练习方法

在帮助者协助下练习,向上到最大限度时稍保持,反复练习,体会肩部拉伸感。

5.练习五:靠墙开肩练习

(1)做法

练习者先面向墙站立,双臂距离与肩同宽,两脚开立比髋稍宽,双臂与胸部靠墙，胸口向墙下方用力，拉伸肩关节。手臂的高低和脚离墙的远近根据练习者肩关节的灵活性做相应调整。

(2)动作要点

直臂、不屈膝，肩关节放松。

(3)练习方法

用力尽量下压，体会肩部拉伸感。

(二)胸、腰、背部柔韧性练习

1.练习一：俯卧后仰练习

(1)做法

俯卧，双腿稍分开，双手屈肘掌心向下放于胸部两侧，指尖向前，双手推地发力，上身慢慢直立，让头部和上身后仰，在最大限度处停留数秒，反复练习。

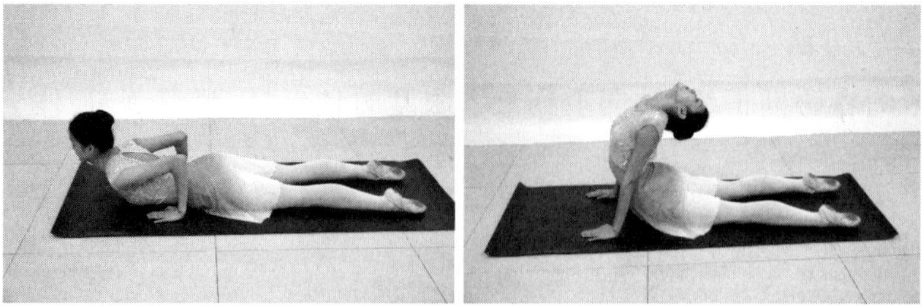

(2)动作要点

双臂伸直,上抬时抬头挺胸,不要耸肩。

(3)练习方法

地面上就可进行单独练习;跟随节拍有控制地起和落,在最大限度时稍停一下,反复练习。

2. 练习二:坐立体前屈练习

(1)做法

坐于垫上,双腿伸直并拢,绷脚尖,上身直立,抬头挺胸,双臂上举。上身慢慢前屈,尽量用自己的腹部去贴大腿,手指触碰脚尖。

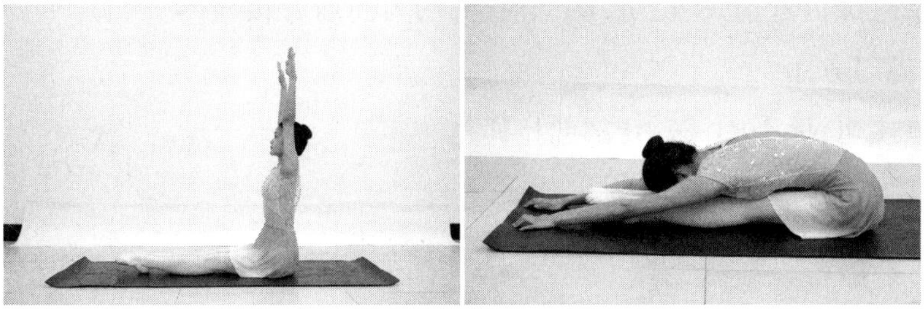

(2)动作要点

前屈时背部保持平直,不要弯腰驼背,双腿伸直并拢,膝关节不要弯曲。

(3)练习方法

①可由帮助者对练习者背部进行按压帮助练习。

②初学者可稍屈膝,背部尽量下压,体会正确动作细节。

3. 练习三:反背弓练习

(1)做法

练习者俯卧在垫上,双臂向后伸。双手握小腿然后将练习者拉起,使其上身离开地面成最大反背弓。慢慢还原,反复练习。

(2)动作要点

上抬时练习者抬头、挺胸,胸部前顶,用力向后弯腰。

(3)练习方法

反复练习,体会胸、腰、背部的拉伸感。

4.练习四:跪立弯腰练习

(1)做法

两人面对面,练习者跪立,双膝距离约为肩宽,双臂上举。帮助者成弓步或开立半蹲,双手扶住练习者腰部。练习者慢慢向后弯腰,逐渐弯腰至最大幅度并稍停顿,然后还原。

(2)动作要点

练习时,向后抬头,挺胸,手臂尽量伸直;向后弯腰时,保持重心;帮助者随练习者弯腰的程度和颤动的幅度协调用力。

(3)练习方法

双人配合,也可采用站立位进行练习,充分体会胸、腰、背部韧带拉伸感。

5.练习五:体侧屈练习

(1)做法

两脚开立,比肩稍宽,双臂侧平举。抬头,挺胸,收腹。上身向左侧屈,左手扶左小腿向下,右手顺势向左侧伸,两腿伸直。在最大限度处控制,然后还原,反方向练习。

(2)动作要点

体侧屈时要抬头、挺胸、立腰、立背,两腿伸直,两脚与上身成一平面。

(3)练习方法

可背靠墙壁进行辅助练习,保持两脚与上身成一平面,立腰、立背。

(三)髋部柔韧性练习

1. 练习一:单侧开胯练习

(1)做法

跪坐垫子上,双手胸前撑地,左腿向左侧伸直,在最大限度处控制住,然后还原,反方向练习。

(2)动作要点

保持立腰、立背、挺胸,用力下压使臀部尽量接近地面。

(3)练习方法

徒手练习。

2. 练习二:双侧开胯练习

(1)做法

双手撑地,双腿伸直,同时向两侧伸出,尽可能打开至最大限度处控制住,然后还原。

(2)动作要点

保持立腰、立背、挺胸,用力下压使臀部尽量接近地面。

(3)练习方法

徒手练习。

(四)腿、脚部柔韧性练习

1.练习一:坐立体前屈练习

(1)做法

双腿伸直并拢坐于垫上,上身伸直,双臂上举,掌心向前。上身慢慢前屈,双手触脚踝或脚尖。到最大限度时控制住,再还原,反复练习。

(2)动作要点

①前屈时,用胸、腹部贴近大腿,两腿伸直。

②不拱背,不耸肩。

(3)练习方法

①可单独练习,也可由帮助者将双膝顶于练习者后背部,双手按于练习者腰背部,向前下方施力帮助练习。

②完成有困难的练习者可以稍稍屈膝做,尽量用手指触碰脚尖。

2.练习二:竖叉练习

(1)做法

练习者两腿前后呈一字分开,绷脚尖,上身垂直于地面,双手自然放于体侧。

(2)动作要点

前后腿伸直,上身保持正直,髋摆正。

(3)练习方法

①可单独练习,也可双人配合练习,体会腿部拉伸感。

②完成有困难的练习者,先进行竖叉动态拉伸。以右腿为例,右腿伸直,脚尖勾起,腹部贴近右大腿,左腿最大幅度向后伸,前脚掌踩地,膝盖跪地,双手撑于地面,左腿做有节奏地伸直和跪地练习,上身和右腿保持不动。

3. 练习三:横韧带练习

(1)做法

练习者分腿坐,绷脚尖,两腿打开至最大限度,上身尽量向前贴于地面。

(2)动作要点

练习者双腿紧贴地面,打开至最大限度,膝盖和脚背方向朝前,保持外开。

(3)练习方法

①可单独练习,也可双人配合练习,体会腿部拉伸感。

②腿部贴墙进行练习,双腿打开最大限度贴紧墙壁,上身尽量向前趴。

4.练习四:压脚背练习

(1)做法

练习者双脚脚面接触地面,臀部虚坐在脚跟上,双手臂放于体侧,双手触地支撑,双膝并拢向上抬起,身体重心后移,感受脚背的拉伸感。

(2)动作要点

臀部虚坐在脚跟上,重心后移。

(3)练习方法

反复练习,体会脚背拉伸感。

二、力量练习

力量练习是形体练习中基本素质练习之一。它具有非常重要的作用,通过力量练习可以加强背部肌肉的力量,伸展胸部和肩部,加强腹肌,使肌肉线条清晰而富有弹性,关节灵活,增强腿部支撑人体站立姿态的能力。从而达到塑造形体,改进姿态的作用,使举手投足之间充满优美感。力量练习,通常是将身体各部位分解练习,并且对各部位反复进行练习才有效果。

(一)手臂、肩部力量练习

1.练习一:宽距俯卧撑

(1)做法

练习者双手支撑身体,双臂垂直于地面,指尖向前,双手距离远宽于肩,双腿向身体后方伸展，双腿并拢伸直，依靠双手和双脚尖保持平衡，使身体保持平直。然后肘关节有节奏地向身体外侧弯曲，胸、腹、臀部收紧，身体降低到贴近地板，身体保持在一条直线上，然后恢复原状，反复练习。

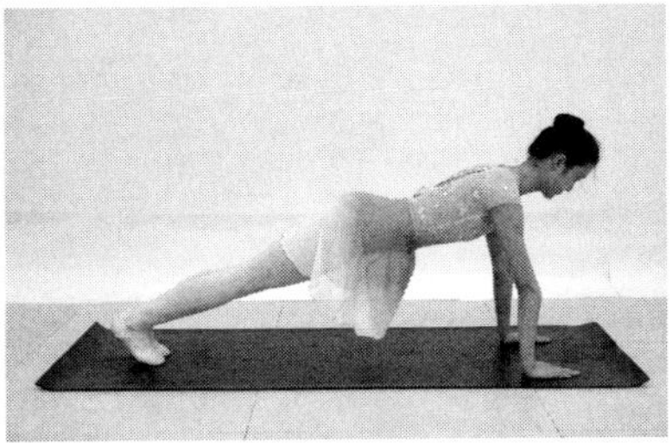

(2)动作要点

全身挺直，平起平落，不要翘臀。

(3)练习方法

①定时计数法：在一定的单位时间内计算练习的次数，可分为不停顿和停顿两种。

②初学者练习时可将俯卧撑改为跪撑，但要求上身动作姿势不变。

2. 练习二：立式哑铃弯举

(1)做法

两脚与肩同宽站立，双手握住哑铃掌心向前放于体侧，大臂贴紧身体，弯曲手臂抬起哑铃，直至哑铃接近胸部位置，稍做停顿之后缓慢卸力下落至起始位置。弯曲时，大臂前侧有明显收缩发力感，下落到最低点时，整个手臂有紧绷感。

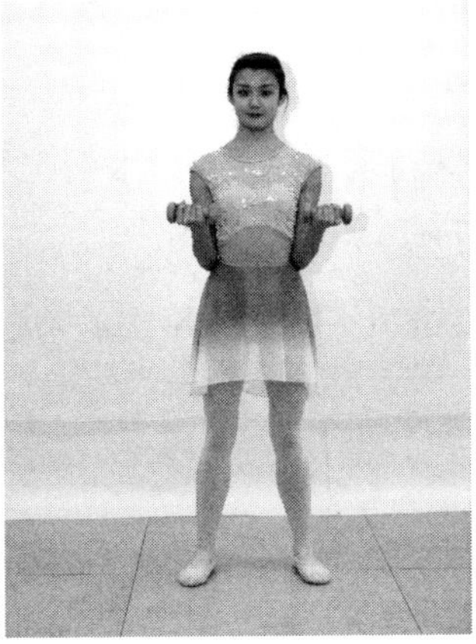

（2）动作要点

①腹部核心收紧，肩下沉，身体不要跟随手臂摆动而摆动。

②手臂下落时不完全放松，手臂不完全伸直。

③弯曲时呼气，下落时吸气。

（3）练习方法

计数法：每组20—30次，每次练习2—3组。

3.练习三：立式哑铃侧平举

（1）做法

两脚与肩同宽站立，双手握住哑铃放于体侧，双臂缓慢抬高与地面平行，然后缓慢放下至初始位置，需感觉到肩部有酸胀感。

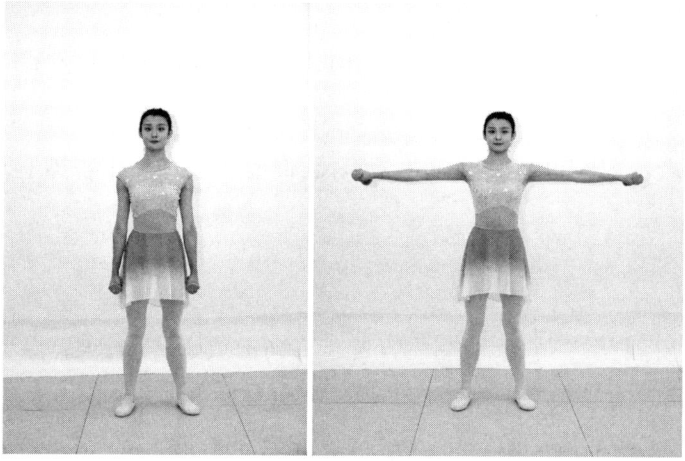

（2）动作要点

①身体保持直立，不要耸肩。

②抬起后保持肩关节稳定，手腕与肘关节在同一高度上，手臂与地面平行。

（3）练习方法

计数法：每组30—40次，每次练习2—3组。

(二)胸、腹部力量练习

1. 练习一:跪姿俯卧撑

(1)做法

练习者跪于垫上,双脚并拢,两臂撑于垫上,两臂距离略宽于肩,指尖朝前,上身保持平直,髋关节挺直。然后两臂尽量弯曲,胸部贴近于支撑面,用力撑起,还原成预备姿势。如此反复练习。

(2)动作要点

上身保持平直,胸部尽量贴近于地面。

(3)练习方法

定时计数法:在一定的单位时间内计算练习的次数,可分为不停顿和停顿两种。

2. 练习二:俯卧撑

(1)做法

练习者双手支撑身体,双臂垂直于地面,指尖向前,双手距离比肩稍宽,双腿向身体后方伸展,双腿并拢伸直,依靠双手和两脚尖保持平衡,使身体保持平直。然后肘关节有节奏地向身体外侧弯曲,胸、腹、臀部收紧,身体降低到贴近地板,身体保持在一条直线上,然后恢复原状,反复练习。

(2)动作要点

全身挺直,平起平落,不要翘臀。

(3)练习方法

定时计数法:在一定的单位时间内计算练习的次数,可分为不停顿和停顿两种，初学者可从跪姿俯卧撑开始。

3.练习三：卷腹

(1)做法

仰卧，双手交叉于胸前，双腿屈膝，脚与髋同宽，脚掌着地。利用腹肌收缩，使上身抬起。然后还原，反复练习。

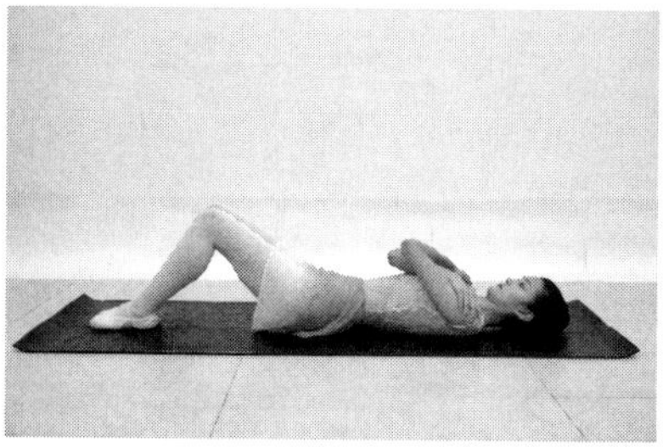

(2)动作要点

①腹肌收缩，挺胸抬头，下肢固定，下背部始终贴于地。

②起身时稍快，还原时速度稍慢。

(3)练习方法

定时计数法：在一定的单位时间内计算练习的次数，可分为不停顿和停顿两种。

4.练习四：仰卧举腿

(1)做法

仰卧，双腿并拢伸直，绷脚尖，双手放于体侧。两腿伸直慢慢交叉上举或两腿同时举起，再有控制地放下，反复练习。

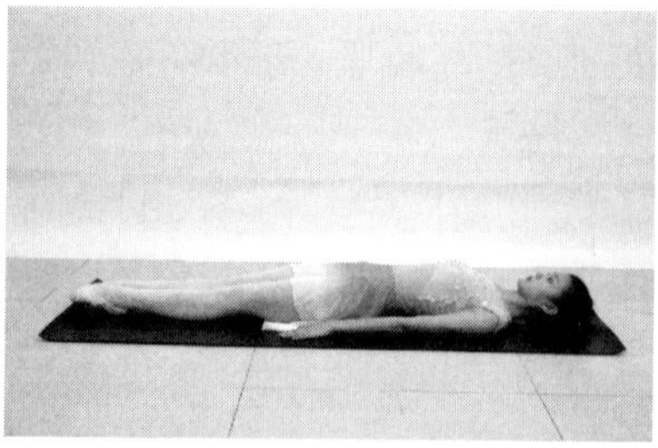

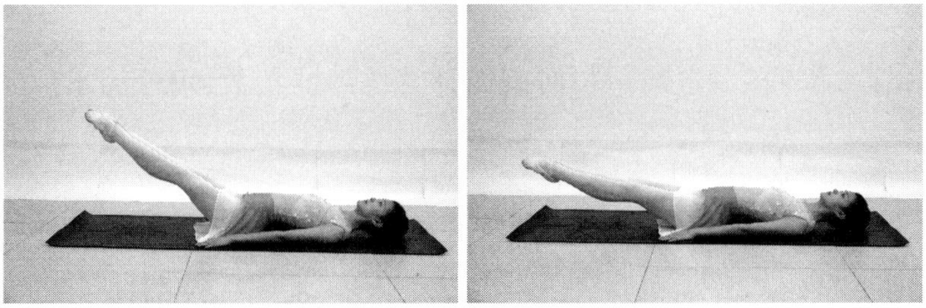

(2)动作要点

①上身保持平直躺在垫上。

②直膝上举,直膝落下。

(3)练习方法

定时计数法:在一定的单位时间内计算练习的次数,可分为不停顿和停顿两种。

5.练习五:仰卧两头起

(1)做法

仰卧,双手上举,两腿并拢伸直,绷脚尖,卷腹,然后上身和双腿同时向上抬起,双手向前触摸脚尖。到最大程度时稍停片刻,然后慢慢回到初始位置,反复练习。

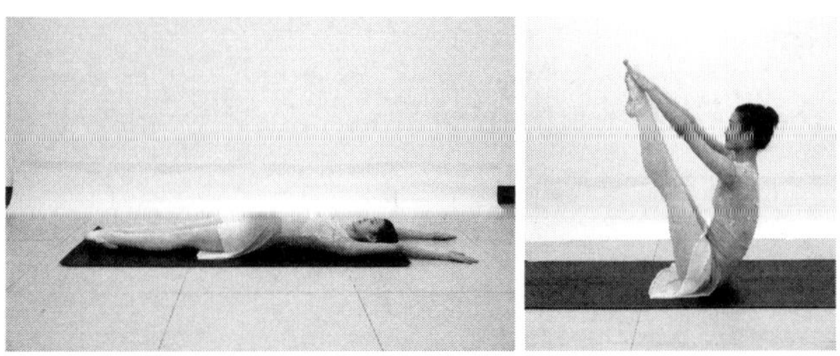

(2)动作要点

①不要屈膝,要直腿。

②不要依靠惯性快速完成动作,而要有节奏地完成动作。

③卷腹时,头部不要过度前倾。

(3)练习方法

定时计数法:在一定的单位时间内计算练习的次数,可分为不停顿和停顿两种。

6.练习六:平板支撑

(1)做法

俯卧,双肘弯曲支撑于地面,上臂垂直于地面,脚趾蹬地,身体离开地面,躯干挺直,头部、肩部、胯部和踝部保持在同一平面。用脚趾和前臂支撑体重,腹肌收紧,盆底肌收紧,脊椎拉长,眼睛看向地面,保持均匀呼吸。

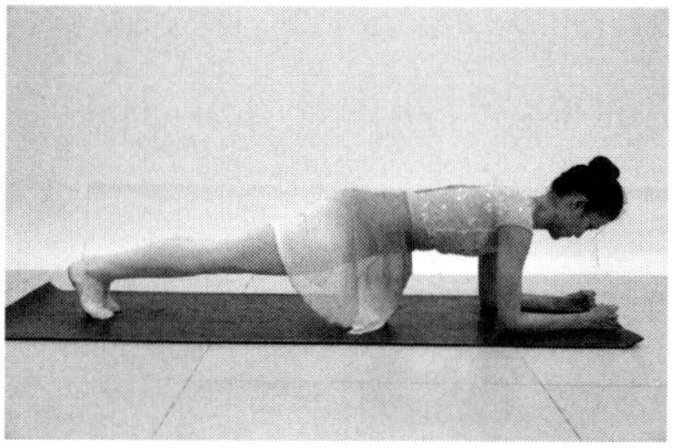

(2)动作要点

①头、肩、胯和踝部保持在同一平面,不能翘臀。

②上臂与身体及前臂保持直角。

(3)练习方法

定时练习法:以60秒为1组练习,每次练习4组,组与组之间间歇不超过20秒。

(三)腰、背部力量练习

1.练习一:俯卧两头起

(1)做法

俯卧,双手前伸,两腿伸直,并拢或稍分开。上身和双腿同时用力向上抬,在最大限度时控制1秒。还原,反复练习。

（2）动作要点

抬头，挺胸，尽量使上身和双腿抬高，形成最大背弓。

（3）练习方法

定时计数法：在一定的单位时间内计算练习的次数，可分为不停顿和停顿两种。

2. 练习二：俯卧挺身

（1）做法

俯卧，双手手指相扣放于头后，双腿并拢伸直。练习者抬头、挺胸，上身用力后屈，到最大限度时控制20秒，然后慢慢向下还原，反复练习。

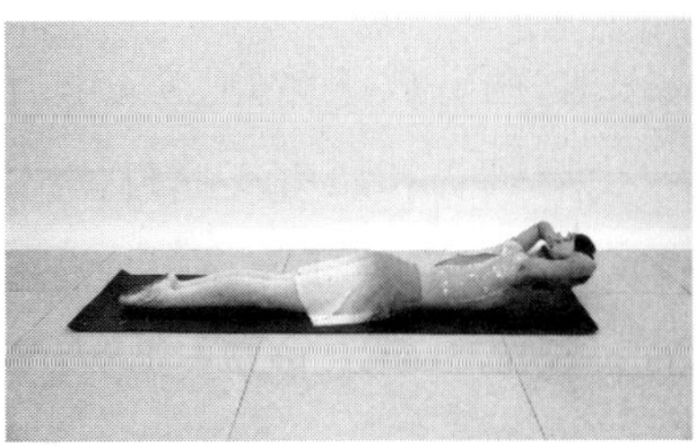

（2）动作要点

练习时，保持抬头、挺胸，背部用力后屈。

（3）练习方法

采用定时计数法，在一定的单位时间内计算练习的次数。

3. 练习三：仰撑

（1）做法

双手于体后撑地，指尖向脚的方向，髋部向上顶，身体离开地面，两脚跟着地，控制20秒。然后慢慢向下还原。

(2)动作要点

双臂伸直,肩外展,抬头、挺胸,髋部向上顶,核心收紧,不要塌腰,背部肌肉收紧,直膝,使身体在一条直线上。

(3)练习方法

定时练习法:以20秒为1组练习,每次练习4组,组与组之间间歇不超过20秒。

(四)臀部力量练习

1.练习一:仰卧挺髋

(1)做法

仰卧,屈膝,两脚距离与肩同宽,双脚踩地,两臂放于体侧,掌心向下。收紧臀部肌肉,慢慢抬起臀部向上挺髋,直到仅由肩胛骨和两脚支撑身体,让身体从肩关节到膝关节成一直线。在最高点时保持,之后还原,重复练习。

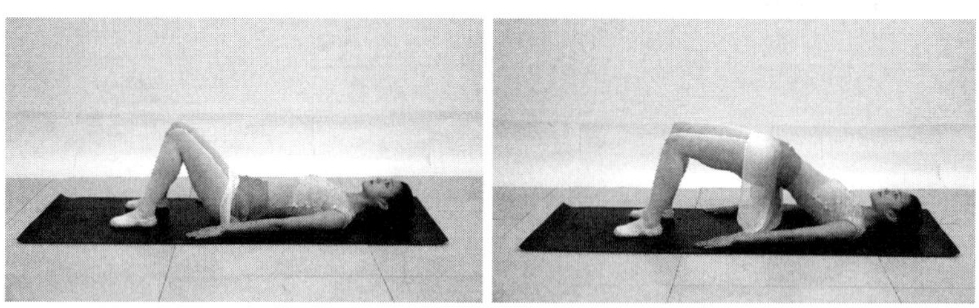

(2)动作要点

①臀肌收紧,向上挺髋。

②练习中,避免膝关节向内或向外移动。

(3)练习方法

计数法练习:一般安排2—4组,每组15—30次。

2. 练习二:后抬腿

(1)做法

双臂伸直撑于垫上,指尖向前,右腿跪于垫上,大腿与地面垂直,脚背贴地。左腿向后上方抬起至最大限度,到最高点时控制,然后慢慢放下,双腿交换,反复练习。

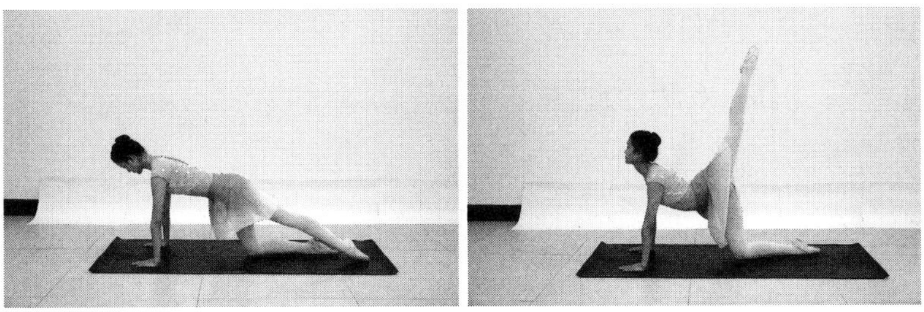

(2)动作要点

①练习中,上身不要倾斜,手臂不要弯曲。

②臀部收紧发力,支撑腿随时保持大腿与地面垂直,臀部不要外翻。

(3)练习方法

计数法练习:一般安排2—4组,每组15—30次。

(五)腿部力量性练习

1. 练习一:仰卧交叉举腿

(1)做法

仰卧于垫子上,双手放在身体两侧,双腿伸直离地,向上举起约45°,双腿做开合或交叉练习。反复练习。

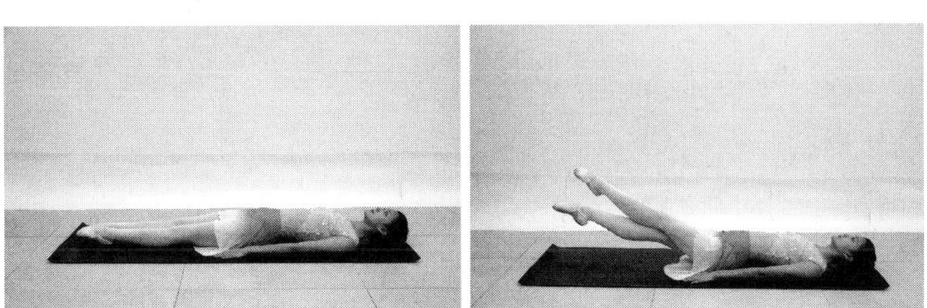

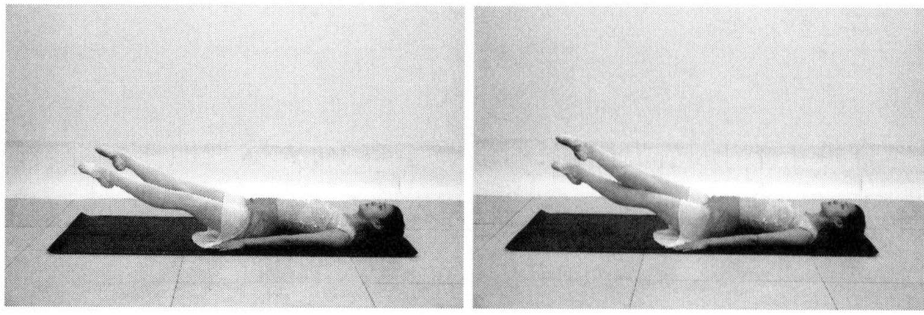

(2)动作要点

挺胸,抬头,沉肩,双腿伸直。

(3)练习方法

定时计数法:在一定的单位时间内计算练习的次数,可分为不停顿和可停顿两种。

2.练习二:深蹲练习

(1)做法

两脚开立稍宽于肩,脚尖朝外,双手叉腰。屈膝下蹲至大腿与地面平行,保持数秒,直到腿部肌肉酸胀,还原,放松,反复练习。

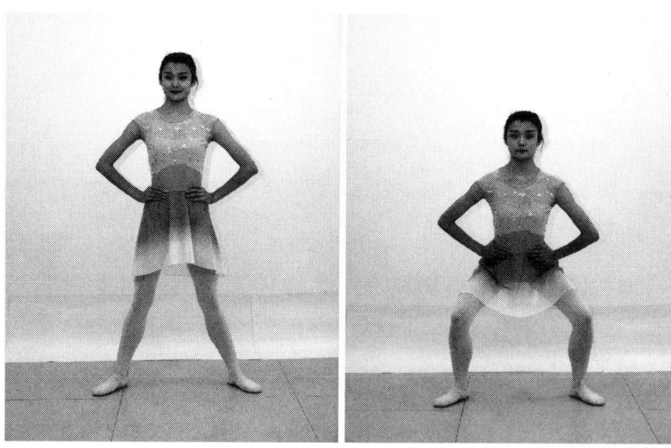

(2)动作要点

①保持挺胸、抬头、立腰、立背。

②下蹲、起立时重心垂直升降。

③膝盖与脚尖保持同一方向,下蹲时膝盖不要超过脚尖。

(3)练习方法

徒手练习或借助把杆进行练习;可采用定时练习法。

3. 练习三:弓箭步

(1)做法

自然站立,双手叉腰。右脚向正前方迈一大步,同时双腿屈膝,左脚脚后跟抬起,脚尖点地,右大腿与地面平行,右小腿与地面垂直,前后脚的大腿与小腿之间均呈90°,抬头,挺胸,立背,身体重心保持在两腿之间。最后,利用前脚蹬地的力量让身体回到立姿。左、右腿交替反复练习。

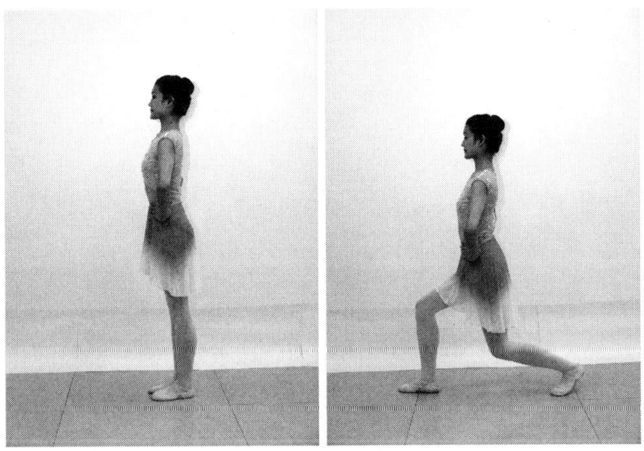

(2)动作要点

①大腿与小腿夹角呈90°,前脚膝盖不要超过脚尖。

②重心保持在两腿之间,保持躯干的稳定性。

③上身始终保持挺胸、抬头、立背。

(3)练习方法

定时计数法:左、右腿交替反复练习,在一定的单位时间内计算练习的次数,可分为不停顿和停顿两种。

第四章 芭蕾姿态练习及组合

本章导读

姿势的正确、优美，不仅能体现人的整体美，还能反映出一个人的气质与精神风貌。想拥有和舞者一样高雅的气质，那么就一定要学习本章节的内容。本章练习，可以使你全身各个关节都能得到充分的活动，各部位的肌肉都能得到均衡发展，从而培养节奏感、优美感，提高身体的表现力，达到修饰形体的目的。

学习目标

1. 掌握把杆练习中站姿、下蹲、擦地、划圈、压腿、搬腿、小踢腿、大踢腿等动作的要点。

2. 掌握形体练习中的各种基本步伐练习。

3. 掌握以脚、膝、臀等来控制身体重心时，身体的各种平衡动作以及平转、双脚交叉、单脚转体等动作的练习方法和要点。

4. 掌握双脚小跳、大跳、跨跳等动作的练习方法和要点。了解并掌握所有基本姿态练习及组合练习。

第一节

把杆练习

把杆练习是辅助身体练习的重要手段,把杆基本练习一般包括站立、擦地、划圈、压腿、搬腿、控腿、小踢腿、大踢腿等。借助把杆进行练习能够发展细腻的肌肉感觉,有助于掌握技术细节,建立正确的动作概念,从而培养正确的姿态,发展下肢和躯干的力量、柔韧和协调能力。把杆练习是形体练习中不可缺少的基本练习内容。

一、站立

站立是各种动作的基础,没有稳定的站立就不可能有优美的舞姿造型和稳定的转体。站立的基本姿势是立正,且在此基础上可变换各种姿势。

站姿要求:双脚正步位,大脚趾、小脚趾、脚后跟稳定身体于地面,全脚平放,双腿内侧夹紧,胯尽量向上提,中段保持直立、收小腹,肩胛骨向下挂,颈部直立,头向上,双手放于把杆。

（一）扶把方法

1. 双手扶把：身体面对把杆站立，距离把杆约一个前臂长的距离，双手手心向下轻放在把杆上，两手之间的距离与肩同宽，肩膀与肘关节自然下垂，沉肩、收腹、立腰，头微向上昂起。

2. 单手扶把：侧对把杆站立，靠近把杆的一只手手心向下轻放在把杆上，身体距离把杆约一个前臂长的距离，扶把的手的位置放在身体稍前侧，肩膀与肘关节自然下垂，沉肩、收腹、立腰，头微向上昂起。

(二)扶把站立

1.做法

(1)以不同脚位练习直腿站立、起踵立或屈膝站立。

(2)单腿站立,另一腿脚尖在前(侧、后)点地。

(3)单腿站立,另一腿向前(侧、后)方向举起至45°。

2.动作要点

(1)扶把站立要求腿部开、绷、直。

(2)身体姿态挺拔,手轻扶把,将身体重心放在支撑腿上。

(3)全脚掌贴地保持脚位准确,髋部上提,从大腿根开始外旋。脚尖、膝关节与髋关节在一条直线上。

(4)提踵立时脚跟尽量抬高,两膝对准脚尖,立腰。

(5)点地立时,支撑腿脚尖向外,动力腿绷直外旋;前点地时脚背外旋,脚跟向前顶;后点地时脚背外旋,脚跟向内;侧点地时脚背外旋,脚跟向前顶。

3.练习方法

(1)由易到难,按顺序进行练习。

(2)由慢到快,逐步缩短每个站姿的停顿时间。

二、蹲

蹲是基本技术动作练习的基础,它贯穿于一系列基本动作之中。蹲主要练习的是腿部肌肉力量和后背的控制能力。正确的蹲,能产生一种反推力和控制力,使跳跃既高又稳,还能练习腿的外开度,拉长大腿和小腿肌肉,保持躯干的稳定性。蹲主要分为半蹲和全蹲。

(一)半蹲

1.做法

以一位脚为例,侧对把杆,一位脚站立,一手扶杆,一手向侧打开。上身保持直立，两腿旋外、两膝向外侧打开下蹲，在全脚掌着地状态下下蹲到最大限度时稍保持，再慢慢起立。反复练习。

2. 动作要点

(1)两脚全脚掌着地，脚跟不离地，两膝保持外开，与两脚尖同方向。

(2)髋、膝、踝外开，重心在两腿之间，上身保持正直，蹲或起时，动作要连贯、匀速、有控制。

(3)半蹲过程中，调整呼吸，动作才会更舒展、流畅。

3. 练习方法

(1)双手扶把或单手扶把进行练习，芭蕾形体的半蹲有一位半蹲、二位半蹲和五位半蹲。

(2)跟随音乐节拍连贯、匀速地进行练习。

(二)全蹲

1. 做法

全蹲是半蹲的延续和发展。它是在半蹲的基础上继续下蹲，继续下蹲时，脚随之抬起，大小腿之间的距离最接近时为全蹲，臀部不要坐到脚跟上，起立时，脚跟先着地，同时将身体缓缓推起。

2.动作要点

(1)髋、膝、踝外开,膝关节与两脚尖同方向,上身保持正直。

(2)当下蹲至最大限度时,脚跟缓慢地稍微抬起,继续下蹲,随着脚跟徐徐着地,同时将身体缓缓推起,恢复直立。

(3)蹲或起时,动作要连贯、匀速、有控制。

3.练习方法

(1)双手扶把或单手扶把进行练习,芭蕾形体的全蹲有一位全蹲、二位全蹲和五位全蹲。

(2)跟随音乐节拍连贯、匀速进行练习。

三、擦地

擦地是形体练习中所有动作练习的基础与延伸,即脚由全脚掌着地逐渐用力远伸至脚尖点地,再由脚尖点地用力收回至全脚掌着地的过程。擦地主要练习脚趾、脚掌、脚弓、脚踝、跟腱等部位,同时锻炼人体的垂直站立、稳定性等,是使腿部肌肉群得到延伸与外开的锻炼。擦地分为向前擦地、向侧擦地、向后擦地,擦地时上身要正直,收腹、立腰、收臀、大腿外旋,重心落在支撑腿上。

1.做法

一位脚或五位脚站立,双手或单手扶把,抬头挺胸,收腹,立腰,后背夹紧。

(1)向前擦地:重心在支撑腿上,动力腿保持正直。动力脚全脚掌用脚跟内侧的力量向前顶出，脚跟用力前顶，经半脚掌到完全绷脚，在胯部保持稳定、水平、不移动位置的情况下使脚尖在正前方最远处点地（脚尖点地是指二脚趾尖的外侧着地），这时动力腿脚尖与支撑腿脚跟最外侧呈垂直线。收回时，从脚尖经过脚心到全脚掌的过程沿原路线收回。

（2）向侧擦地：重心在支撑腿上，动力腿保持正直。动力脚用正脚背的力量向侧擦出，开始全脚擦地，边擦边绷脚背，脚尖点地，在不出胯的前提下，把脚尖伸向最远端（脚尖是指大脚趾和二脚趾的尖端），使动力腿脚尖与支撑腿的脚跟保持在一条水平横线上。收回时靠内收的力量，按原路线将脚收回至动作初始位置。

(3)向后擦地:重心在支撑腿上,动力腿保持正直。脚尖先行,向后渐渐绷起脚背,在胯部保持稳定、水平、不移动位置的情况下动力脚脚尖擦出至正后方最远点。使脚尖与支撑腿的脚跟保持在一条直线上。收回时脚跟先行,脚尖留住,按原路线将脚收回至动作初始位置。

2.动作要点

(1)抬头挺胸,收腹,立腰,后背夹紧,上身始终保持正直。

(2)身体重心落在支撑腿上,不要受动作腿的干扰而移动重心。

(3)随时保持肩部和胯部的稳定性,不要随便移动位置,尤其是向后擦地时不能带动动力腿一侧的肩和胯外掀。

(4)动力腿始终保持伸直状态,不要屈膝。

(5)收回时不仅仅是动力腿去靠支撑腿,而是支撑腿吸回动力腿,用两腿相夹的力量收腿。

(6)动力腿向前(侧、后)擦地时脚尖一定要与支撑腿脚跟在一条直线上。

3.练习方法

(1)双手扶把练习一位脚和五位脚向前(侧、后)擦地。

(2)单手扶把练习一位脚和五位脚向前(侧、后)擦地。

(3)跟随音乐节拍练习单(双)手扶把一位(五位)脚向前(侧、后)擦地。

四、划圈

划圈主要是练习髋关节的开度、松弛和稳定性，锻炼腿和脚部的外开，练习身体重心的稳定能力与控制能力。通过脚尖在地面最大限度地划圈练习，使脚趾、脚弓、脚掌、脚背、脚腕的柔韧性和控制能力得到锻炼，为腿在地面与空中大幅度的划圈动作做好方法和能力上的准备，同时还能增强腰背肌的控制能力。本部分主要介绍地面划圈和空中划圈两种形式。

（一）地面划圈

地面划圈是用脚尖在前、侧、后三个方向弧线移动。地面划圈又可分为由前向后和由后向前的划圈。

1. 做法

以由前向后划圈为例，一位脚准备，左手扶把，支撑腿保持正确重心的前提下，大腿控制不动，动力腿以脚跟向前顶的力量向前擦出，然后用脚尖带动腿由前向侧再向后划动，随后收回，变为一位脚。由后向前划圈，方向相反，动力腿先向后擦出，脚尖由后向侧再向前划动，随后收回，变为一位脚。

2. 动作要点

（1）练习时上身保持正直，收腹、立腰，身体重心在支撑腿上。

(2)髋部摆正,不要随腿的移动而随意变动位置。

(3)动力腿充分伸展,动作到位,由前向后划圈时,应由脚尖带动,由后向前划圈时,应由脚跟带动。

(4)在前、后划圈点地时,脚尖应与支撑腿的脚跟在一条直线上。

3.练习方法

(1)由慢到快练习地上划圈,动作到位。

(2)跟随音乐节拍练习地面划圈。

(二)空中划圈

1.做法

以由前向后划圈为例,一位脚准备,左手扶把,节拍前动力腿屈膝侧抬,收于支撑腿踝关节前,然后动力腿向上摆带动小腿伸直,经右前、右侧向后绕腿,随后动力腿后点地,最后动力腿收回成一位脚。由后向前划圈,动作相同,动力腿先向后上摆经侧摆至前点地,最后收回成一位脚。

2.动作要点

(1)练习时上身保持正直,收腹、立腰,身体重心在支撑腿上。

(2)髋部摆正,不要随腿的移动而随意变动位置。

(3)整个腿外旋、绷直,脚尖以最大幅度自由地在空中划弧线。

3.练习方法

(1)先采用分解练习,掌握由一个位置划弧到另一个位置的动作,再做完整练习。

(2)空中划圈是在腿具有较好的柔韧性之下进行的练习。初学者可在助力下进行,由同伴帮助做慢动作体会腿在空中的路线和转动髋关节的感觉,然后独立练习。

五、压腿、搬腿、控腿

压腿、搬腿、控腿的目的是练习腿部肌肉的控制能力,发展下肢的柔韧性,增强腿部相关关节的灵活性。

(一)压腿

1.做法

(1)向前压腿:以压左腿为例,双手三位手,面对把杆站立。左腿绷直外旋脚腕放在把杆上,上身保持正直对准左腿前屈向下压,用小腹贴大腿,双手手指去触碰脚背。还原,换腿反复练习。

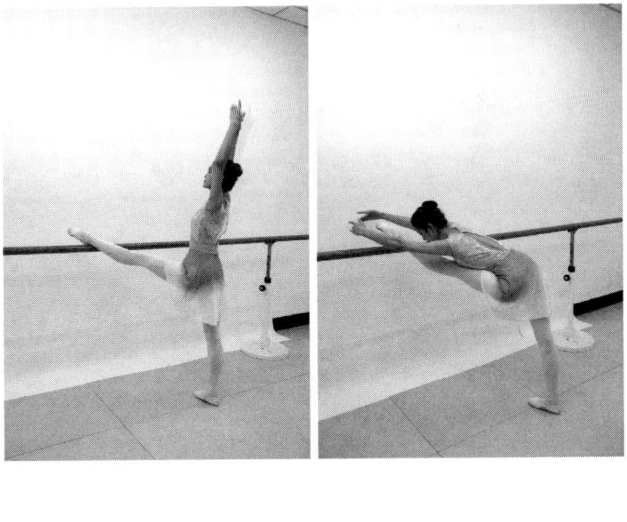

(2)向侧压腿:以压右腿为例,右手一位手,左手三位手,右侧身体侧向把杆站立。右腿绷直,脚腕放在把杆上,然后上身向右侧屈侧,以右肩触右腿,左手过头顶碰右脚尖。还原,换腿反复练习。

(3)向后压腿:以压左腿为例,侧背对把杆站立,右手扶把,左手三位手。左腿绷直脚尖向后伸直,左脚脚踝放于把杆上,然后上身慢慢向后屈,同时支撑腿可以屈膝下蹲,使两腿开度加大。

2. 动作要点

(1)压腿时支撑腿和主力腿要绷直,抬头、立腰、立背,髋正。

(2)注意前压腿和侧压腿时不要拱背,调整呼吸配合练习。

3. 练习方法

(1)由易到难,用力由小到大,逐步增加压腿力度。

(2)跟随节拍进行练习,在压腿到最大限度时保持1—2个八拍。

(二)搬腿

搬腿是芭蕾练习的基本功之一,主要锻炼腿部的柔韧性、灵活性和力量等。经常练习搬腿,可以扩大髋关节的活动幅度,提高腿部的上举力量。搬腿主要分为搬前腿、搬旁腿和搬后腿。练习搬腿时,为保持平衡,可以单手扶把。

1. 做法

(1)搬前腿:自然站立,动力腿从身体正前方从下往上抬,到最高点时,用双手将其扶住,保持片刻,再还原,左、右腿交换练习。

(2)搬旁腿:以搬左腿为例,自然站立,左腿从身体侧面向上抬起,膝盖对准左肩的方向,到最大限度时,用另一手将其扶住,保持片刻,再还原。左、右腿交换练习。

(3)搬后腿:以搬左腿为例,自然站立,左腿向后擦地垂直向后抬,腰部逐渐下压,到最大限度时,用另一手将其扶住,保持片刻,再还原。左、右腿交换练习。

2.动作要点

(1)练习时要求头正、颈直、胸挺、立腰、腿直。

(2)练习时髋、胯部保持外开。

3.练习方法

(1)由易到难逐步练习,可先练习腿部、胯部、腰部。

(2)借助把杆,掌握身体平衡的前提下逐步练习。

(三)控腿

控制力的练习贯穿于形体练习的始终，控腿练习可以有效提高腿部相关肌肉的力量，提高控制能力。对初学者来说，多进行控制练习对提高动作质量和动作稳定性很有帮助。控腿重点在于“控制”，控腿时，考验的是控制力与协调性。控腿主要分前、侧、后控腿。

1.做法

(1)前控腿：以左腿为例，右肩侧对把杆自然位站立，靠近把杆的手扶把，另一手侧举打开。左腿屈膝绷脚尖向正上方抬起，到最大限度时伸直左腿，绷脚尖向远方用力延伸，保持姿势不动，注意动作不要变形，保持片刻，左腿匀速放下至前点地，随后收回成原始位置。双腿交换反复练习。

(2)侧控腿：以左腿为例，面对把杆自然站立，双手扶把杆，另一手侧举打开。左腿屈膝绷脚尖侧抬，尽量侧抬以膝找左肩，到最大限度时伸直左腿，绷脚尖向远方用力延伸，保持姿势不动，注意动作不要变形，保持片刻，左腿匀速放下至侧点地，随后收回成原始位置。双腿交换反复练习。

(3)后控腿:以左腿为例,右肩侧对把杆自然站立,靠近把杆的手扶把,另一手前伸。左腿绷脚尖屈膝后抬,大腿尽量向后向上抬,随后左腿向后伸直,大腿稍外旋,上身下压,塌腰,保持姿势不动,注意动作不要变形,保持片刻,上身抬起,左腿匀速放下至后点地,随后收回成原始位置,双腿交换反复练习。

2.动作要点

(1)前、侧控腿时,保持上身正直,收腹立腰。

(2)支撑腿充分伸直,用腰、背、腹肌和腿部肌肉的力量及身体各部位的协调用力使重心控制在支撑腿上,骨盆要正,在保持上身正确姿态的基础上,尽量高举腿。

(3)后控腿时塌腰,上身下压。

3. 练习方法

(1)由易到难练习,从45°到90°再到更大角度的练习。

(2)借助把杆在保持身体平衡的基础上进行练习。

(3)先做局部力量的练习,例如,仰卧举腿,仰卧两头起。

六、小踢腿、大踢腿

(一)小踢腿

小踢腿是一种力度练习的动作,幅度不大,是在擦地基础上向空中踢出25°时稍加控制,但要求动作快而有力。小踢腿主要是练习腿和脚的动作速度及肌肉快速控制能力,对髂腰肌、股四头肌、小腿三头肌和脚底肌群有很好的练习作用,是把杆基础练习中必不可少的一个基本动作。

1. 做法

侧对把杆站立,五位脚准备,单手扶把,另一手向侧打开。动力腿绷直,向前擦地,然后不停顿继续向空中踢出,在25°时停留并保持。膝向外对准脚尖,落下时,脚尖先触地,擦地收回到初始位置。整个过程必须迅速而有力,胯部保持稳定。小踢腿有向前小踢腿、向侧小踢腿和向后小踢腿,向侧、向后小踢腿动作相同。

2. 动作要点

(1)踢出与收回时脚要快而有力,脚尖必须用力绷直,动作要连贯。

(2)踢起时腿外开,动作腿要绷直,支撑腿稳定好身体重心。

(3)踢腿时,身体要有控制,不能随便晃动。

(4)上身直立,挺胸、抬头、收腹、立腰。

3. 练习方法

(1)分解练习,即先擦地到位,之后再向空中踢出,掌握用力过程之后,再进行完整动作的学习。

(2)借助把杆在稳定身体重心和平衡的前提下进行练习。

（二）大踢腿

大踢腿主要是为培养腿的力度和开度。踢腿练习可发展髂腰肌、大腿肌群力量和其向前、侧、后的伸展性，使腿部肌肉有力且富有弹性，增强腿、腰、背等的控制能力。

1.做法

(1)向前大踢腿：五位脚准备，单手扶把。动力腿绷脚尖擦地从前向上迅速踢起，尽量踢到最大限度，踢起时要求快速迅猛、有爆发力，双腿伸直，上身保持直立。然后动力腿经同样的路线落下，回到五位脚的位置，落地时要轻而有控制。

(2)向侧大踢腿：五位脚准备，单手扶把。动力腿绷脚尖擦地从身侧向上迅速踢起，尽量踢到最大限度，踢起时要求快速迅猛、有爆发力，双腿伸直，上身保持直立，腿部保持外开，不要撅臀、掀胯。然后动力腿经同样的路线落下，回到五位脚的位置，落地时要轻而有控制。

(3)向后大踢腿：五位脚准备，单手扶把。动力腿绷脚尖擦地从后向上迅速踢起，尽量踢到最大限度，踢起时要求快速迅猛、有爆发力，双腿伸直，上身后屈，腹肌、背肌收紧。然后动力腿经同样的路线落下，回到五位脚位置，落地时要轻而有控制。

2.动作要点

(1)踢腿时要迅速有力，落地时要有控制。

(2)前、侧大踢腿时，上身正直，挺直后背，收髋，肩下沉，头向上顶。

3.练习方法

(1)借助把杆在保持身体平衡的基础上进行练习。

(2)在擦地的基础上练习小踢腿，在小踢腿的基础上逐渐增加难度练习大踢腿。

(3)先做好腿的柔韧性练习再练习大踢腿。

七、把杆动作组合练习

1. 站立动作组合练习	配乐 17	口令 18
2. 蹲动作组合练习	配乐 19	口令 20
3. 擦地动作组合练习	配乐 21	口令 22
4. 划圈动作组合练习	配乐 23	口令 24
5. 压腿动作组合练习	配乐 25	口令 26
6. 搬腿、控腿动作组合练习	配乐 27	口令 28
7. 小踢腿动作组合练习	配乐 29	口令 30
8. 大踢腿动作组合练习	配乐 31	口令 32

第二节 基本步伐练习及组合

一、柔软步

1.做法

自然站立,两臂自然下垂。左腿脚面绷直向前伸出,脚面朝外,由脚尖逐步过渡到全脚掌着地,身体重心随之前移,接着再换右脚向前伸出落地,两腿依次交替进行,两臂自然前后摆动。

2.动作要点

(1)上身要保持正直,立腰、立髋、收腹、收臀,腿保持开、绷、直。

(2)每走一步重心要及时前移,走的过程中,腿的肌肉要有紧张与松弛的交替,动作应自然、柔和。

(3)脚面要绷直,过渡要连贯。

3.练习方法

(1)分解练习向前伸腿和落脚跟、移重心动作。

(2)配合两臂前后摆动进行完整练习,进而配合不同的手臂动作。

二、脚尖步

1.做法

两脚并立提踵,双手叉腰,左腿膝和脚面绷直向前伸出,脚尖稍向外,由脚尖过渡到前脚掌落地支撑,重心随之前移,两脚依次交替进行。

2.动作要点

(1)身体保持正直,收腹立腰。

(2)提踵立,重心保持平稳,步幅均匀不宜过大。

3.练习方法

(1)先扶把练习提踵立,再慢速练习脚尖步。

(2)结合手臂动作练习脚尖步及脚尖步转体。

三、跑跳步

1.做法

自然位站立,双手自然下垂或叉腰。打节拍前右脚原地轻跳,同时左腿屈膝抬起,脚面绷直,脚尖向下,1拍时左脚落地,随之原地轻跳,同时右腿屈膝抬起。2拍同1拍动作,换脚做。

2.动作要点

前屈腿向下落地要快,小跳短促,同时屈膝腿不宜过高,并用前脚掌自然落地和跳起。

3.练习方法

慢节拍体会两腿之间的变换,然后加快节拍练习。

四、变换步

变换步具有柔和、舒展的特色,动作变化多样,包括普通变换步、前屈膝变换步、后举腿变换步、转体变换步及跳的变换步。

(一)普通变换步

1.做法

自然位站立,两臂侧举。左脚向前做柔软步,随之右脚与左脚并成自然位,同时两臂成一位。然后左脚向前做柔软步,重心前移,右脚伸直后点地,脚面绷直稍向外,同时右臂前平举,左臂侧平举。

2. 动作要点

(1)收腹立腰,上身正直,髋正。

(2)后腿伸直点地,膝与脚外旋,步幅不宜过大,动作连贯、协调。

3. 练习方法

(1)两手叉腰练习脚部移动的方法,节奏先慢后快。

(2)结合手臂摆动或方向变化进行练习。

(二)前屈膝变换步

1. 做法

自然位站立,两臂侧举。左脚向前做柔软步,随之右脚与左脚并成自然位,同时两臂成一位。然后右脚向前做柔软步,重心随之前移,接着左腿屈膝前举,同时右臂前下举,左臂后上举。

2. 动作要点

动力腿屈膝向前举的时候,大腿抬平,小腿成钝角,膝向外转,上身挺直,收腹立腰,绷脚尖。

3. 练习方法

(1)两手叉腰练习脚部移动的方法,节奏先慢后快。

(2)结合手臂摆动或方向变化进行练习。

(三)后举腿变换步

1. 做法

动作同普通变换步,自然位站立,两臂侧举。左脚向前做柔软步,随之右脚与左脚并成自然位,同时两臂成一位。然后左脚向前做柔软步,重心前移,右脚伸直后举,膝和脚面绷直稍向外,同时右臂前平举,左臂侧平举。

2. 动作要点

要求髋正,收腹立腰。

3.练习方法

(1)两手叉腰练习脚部移动的方法,节奏先慢后快。

(2)结合手臂摆动或方向变化进行练习。

(四)转体变换步

1.做法

自然位站立,两臂侧举。1拍左脚向前一步,右脚向前一步与左脚并拢,两臂成一位。2拍左脚向前柔软步经稍屈膝成单腿站立,同时右腿向前摆并向左转体180°成右腿后举,两臂经二位摆至三位。3拍动作同1拍,右脚向后退一步,左脚向后一步与右脚并拢,两臂经七位至一位。4拍右腿后退一步,接着左腿向后摆起的同时向左转体180°成左腿前举,两臂经二位至三位。

2.动作要点

支撑腿稍屈膝提踵的同时,摆动腿向前摆至最高点,以脚尖内转的力量带动髋和上身转动180°,此时重心上移,上身正直。向后摆腿转体180°时,摆动腿以脚尖外转力量带动身体转动。

3.练习方法

(1)两手叉腰练习脚部移动的方法,节奏先慢后快。

(2)结合手臂摆动或方向变化进行练习。

(五)跳的变换步

1.做法

动作基本同后举腿变换步,自然位站立,两臂侧举。然后左脚向前做并步跳,同时两臂成一位。随后左脚上步蹬地跳起,空中右腿成后举腿。接着换腿做,动作相反。

2. 动作要点

支撑腿经稍屈膝然后用力蹬地向上跳起，使身体重心上移，收腹立腰，抬头挺胸，同时另一腿伸直后举。

3. 练习方法

(1)两手叉腰练习脚部移动的方法，节奏先慢后快。

(2)结合手臂摆动或方向变化进行练习。

五、华尔兹步

华尔兹步具有轻盈、优美、流畅的特色，动作形式变化多样，本部分主要介绍向前、向侧、向后和转体华尔兹步。该动作用3拍完成。

(一)向前华尔兹步

1. 做法

以左脚开始为例，两脚并立提踵，两臂侧举。1拍左脚向前做一次柔软步，落地稍屈膝，重心随之前移。2—3拍右脚开始向前做两次脚尖步，在3拍动作过程中，配合左臂做一次波浪。两腿交替练习。

2. 动作要点

步幅均等，动作起伏自然，收腹立腰；重心随出步而移动，柔和、自然、连贯、协调。

3. 练习方法

(1)两手叉腰慢速练习，体会三步的协调连贯。

(2)配合手臂波浪或其他手臂动作练习。

(二)向侧华尔兹步

1. 做法

以左脚开始为例，自然站立，两臂侧举。1拍左脚向侧做柔软步，落地时稍屈膝，重心随之移至大腿。2—3拍右脚前脚掌踏在左脚跟后，右腿伸直立踵，接着左脚与右脚并立提踵。在做第三拍的过程中，两臂由右侧平举经前至右臂前平举、左臂侧平举。

2. 动作要点

动作起伏自然流畅，重心移动协调，步幅均等。

3. 练习方法

(1)两手叉腰慢速练习，体会三步的协调连贯。

(2)基本掌握后，配合手臂波浪或其他手臂动作练习。

(三)向后华尔兹步

1. 做法

动作同向前华尔兹步，两脚并立提踵，两臂侧举。1拍左脚向后做一次柔软步，落地稍屈膝，重心随之后移。2—3拍右脚开始向后做两次脚尖步，在3拍动作过程中，配合左臂做一次波浪。两腿交替进行练习。

2. 动作要点

步幅均等，动作起伏自然，收腹立腰，重心随出步而移动，柔和、自然、连贯、协调。

3. 练习方法

(1)两手叉腰慢速练习，体会三步的协调连贯。

(2)基本掌握后，配合手臂波浪或其他手臂动作练习。

(四)转体华尔兹步

1. 做法

两脚并立提踵，双手叉腰。1拍左脚向前做柔软步，稍屈膝。2拍右脚向前做脚尖步，同时向左转体90°。3拍左脚做脚尖步与右脚并成提踵立，同时继续向左转90°。第二个3拍中，1拍右脚后退一步做柔软步，稍屈膝，2拍左脚后退做脚尖步，同时向左转体90°，3拍右脚做脚尖步与左脚并成提踵立，同时继续向左转体90°。

2. 动作要点

在2—3拍做脚尖步的同时转体180°，保持身体正直，收腹立腰。

3. 练习方法

(1)两手叉腰慢速练习，让动作更加协调连贯。

(2)基本掌握后，配合手臂波浪或其他手臂动作练习。

六、基本步伐组合

1. 柔软步、脚尖步动作组合练习	配乐33	口令34
2. 跑跳步动作组合练习	配乐35	口令36
3. 变换步动作组合练习	配乐37	口令38
4. 华尔兹步动作组合练习	配乐39	口令40

第三节 波浪练习及组合

波浪练习是艺术体操中重要组成部分之一，是提高个人技术，进一步练习高难度动作的基础。波浪练习能够促进骨骼、肌肉的正常发育，增强在生理机能上自身动作的幅度与难度，发展身体的柔韧、灵活及协调运动的能力，从而表现出动作形体曲线美的价值和美化动作的作用，并促使波浪与身体配合更加协调。波浪练习有手臂波浪练习、躯干波浪练习和全身波浪练习。

一、手臂波浪

1. 做法

手臂波浪以肩带动上臂、肘关节、腕关节、手指依次弯曲移动，并依次伸展的周期性连贯动作形成波浪形动作。在波浪过程中形成屈肘伸腕和伸肘收腕的反向弯曲动作。手臂波浪动作可大可小，可在不同位置、向不同方向进行。

2. 动作要点

(1)由靠近躯干的部位开始启动，整个手臂必须放松地将动力传递到手指尖，从而形成浪峰推移。

(2)肘关节除屈伸动作之外，要随手臂的上下摆动而移动。

3. 练习方法

(1)练习手指、手腕的小波浪动作。

(2)分解练习提肘压腕、沉肘提腕的反向弯曲动作。

(3)完整练习手臂波浪，先做单臂波浪。

(4)两臂同时进行波浪练习，可同方向或反方向进行。

二、躯干波浪

1.做法

(1)躯干向前波浪:跪立准备,两臂侧平举。由上身依次前屈开始,含胸、低头、弓背,两臂经体前成三位,随后髋、腰、胸、头各部位依次向前上方伸展,挺胸,挺髋,向后抬头,髋向前顶,双臂尽力向后伸展,经上身后屈后依次还原成跪立姿态。

(2)躯干向后波浪:跪立准备,两臂侧平举。由上身依次后屈开始,两臂经侧向头后方伸展,随后髋、腰、胸、头依次向前弯曲,含胸、低头、弓背,双手触地,波峰在体后向上移动。

(3)躯干向侧波浪:跪立准备,两臂侧平举。髋、腰、胸、颈各关节依次向侧弯曲并随之依次向侧上方挺出,两臂随身体弯曲而上下移动,波峰在体侧推移。

2.动作要点

(1)躯干各关节依次前屈、后屈或侧屈,随之再依次伸展,它是连贯的周期性推移动作。

(2)在练习中,头、胸、髋形成反向弯曲和位移,反向弯曲的幅度越大,波浪幅度也越大。

3.练习方法

(1)练习躯干屈伸和绕环动作增强关节灵活性。

(2)分解练习,体会躯干反向弯曲的姿态和依次用力的感觉。

(3)由慢到快练习完整动作。

(4)改变支撑条件进行练习。

三、全身波浪

1.做法

(1)前波浪:由半蹲上身前屈开始。膝、髋、腹、胸、颈依次向前上方挺出,经含胸、低头、挺髋的反向弯曲，上身大幅度后屈，随后身体各关节由下至上依次伸展还原成直立。动作中两臂由体前经下向后绕至上举。

（2）后波浪：由上身后屈开始，随后膝、髋、腰、胸、颈各关节依次前屈，成弓背、含胸、低头的上身前屈姿势，同时两臂经侧绕至前下方。

（3）侧波浪：以左侧波浪为例，由左脚尖侧点地，两臂右侧上举，上身左侧屈开始。右腿、左腿依次屈膝向左移重心的同时，髋、腰、胸、头依次向左侧上挺出至左腿直立，右脚尖侧点地，上身右侧屈，两臂随之经下摆至右上方。

2. 动作要点

（1）必须从脚到头（加上手臂）各环节依次参加周期性弯曲、伸展和转动的连续推移动作。

（2）身体由屈到伸和由伸到屈要保持动作平衡，使动作连贯、幅度大、重心稳，形成S形弯曲。

3. 练习方法

（1）在躯干波浪的基础上学习全身波浪。

（2）借助把杆练习，动作由慢到快。

（3）徒手练习全身波浪。

四、波浪动作组合练习

1. 手臂波浪动作组合练习　　配乐41　　口令42

2. 躯干波浪动作组合练习　　配乐43　　口令44

第四节

综合组合练习

形体练习一直是所有舞蹈的基础,而舞蹈则是形体练习的延伸。练习者通过芭蕾舞、古典舞、民族舞等舞蹈组合练习,更能提高自己对身体的掌控力,对音乐的感悟力以及对美的追求,从而改善自身气质。

下面的综合组合练习由易到难,大家可以根据自身学习情况进行选择性练习。

形体组合一

形体组合二

蒙古舞30

蒙古舞38

下篇

教态篇

教态主要由教师的仪表、仪容、仪态等构成，教师良好的教态是辅助教学、提升教学效果的有力工具。在教师培养环节中，教态的规范也是重要的一部分。教态是教师教学的外显部分，很多时候能体现一个教师的内在素养和专业水平，同时良好的教态能增进人们对教师的信任。教师的仪表、仪容、仪态等都区别于其他职业。懂得基本礼仪规范也是教师必备的能力，教师应该熟练掌握教态规范，达到“内化于心，外化于行”的程度。

第五章
教态的概述

艾伯特·梅瑞宾研究发现，在一条信息的传递效果中，38%是有声的（包括音调、变调和其他声响），7%是语言（只是词），而55%是无声的信号。他提出一个著名公式：交谈双方的相互理解=语调（占38%）+表情（占55%）+语言（占7%）。在教学过程中，从某种程度上说，教师的形体姿态所产生的作用往往胜过言语，更能够表现出教师的师德风范，它是教师表情系统的综合体现。举止得当、穿着得体可以直接反映出一个教师的师德风范。因此，教师具备正确合理的教态会让课堂产生良好的教学效果，能帮助学生集中注意力以更好地理解所学内容，使学生能准确领悟教师所要表达的意思。教态是教师“无声”的外在体现，配合“有声”的语言更能完美展现教师魅力，体现教师的专业素养。

第一节
教态的概念与作用

教态分为广义和狭义两种。广义的教态主要是指教师的教育、教学态度及素养;狭义的教态则是指教师在教学活动中的仪表和行为、举止,尤指在课堂教学中的非言语行为。(王娜,2013)这两种定义基本涵盖了我们通常所说的教态概念,包含的范围较广。根据艾伯特·梅瑞宾提出的著名公式,表情对于教学效果的影响占据了过半比例,也就是说教态对于课堂教学具有重要的影响。

通常我们认为的教态就是指教师讲课时的表情、动作、姿势等体态语言,它是教师进行课堂教学的重要辅助手段,学生不仅会通过教师有声语言的讲解而“察其言”,而且会通过教师的教态而“观其色”。(陈从耘,1992)以上概念阐明了教态的主要构成部分及主要功能用途,这一概念也是后续有关“教态”研究的理论基础。

教态是教师在课堂授课的非言语的外在表现形式,具有传递信息辅助教学的功能,会对授课的主体和客体产生相对作用。

第一,激发学习兴趣。良好的教师形象,便于在学生心中树立良好的“第一印象”。学生的好奇心、求知欲都很强,当他们和老师接触时,会注意教师的着装、言行举止。教师大方得体、彬彬有礼的行为,有利于在学生心中树立正面形象,拉近师生之间的感情,增加交流频率。相反,若教师的着装和言行举止怪异,则会引起学生的不适,影响学生在课堂上的注意力。

第二,增进师生感情。当前,教师完成教学任务的途径依然是“言传身教”。在教学活动中,教师不仅需要口头表达,而且还应身体力行,那样就能让学生感受到师者形象,获得学生对教师的赞美与尊重,学生“亲其师,信其道”的程度就会加深。教育倡导榜样的力量,其本意就是让教师以身作则影响学生。合理正确的教态会让学生觉得教师和蔼可亲,能与学生建立起深厚的感情,这样不仅有利于教师完成教学任务,而且还可以提高教师的工作效率,增强教学效果。

第三,培养学生情操。教态体现的是教师个人的情感与人格魅力,高雅的举止与合理的谈吐会培养学生对言行举止的正确认识,给学生带来潜移默化的影响。由于教师的一些习惯和说话的语调常是学生争相模仿的对象,因此教师对于教态的把控应该加以重视。这也是潜在育人的外显形式,需要教师时刻注意。

第二节 教态的特点与构成

一、教态的特点

1.稳定性

教态的稳定性主要指教态只要形成后就不会发生大的改变,只有受外界引导和自我认识并主动加以改变才会改变。

2.外显性

教态的外显性主要指教态是在教学过程中通过教师的言行举止表现出来的,学生通过感官可以感知到。

3.多样性

教态的多样性主要指教态的构成部分和表现形式具有多种形式,例如语言、手势、眼神、态度等。

4.系统性

教态的系统性主要指教态的构成部分是相辅相成的,各个组成部分和形式都是相互联系密不可分的有机整体,不能孤立存在。

二、教态的构成

1.得体大方的服饰

合理的教态首先需要教师的着装要得体,符合自然、端庄、大气、美丽、整洁的原则,服装应简单、大方,色调应稳重、得体,这样才有利于维护教师为人师表和传道授业解惑的形象。

男教师可以选择中山装、西装和休闲装,也可以选择唐装,夏天可以选择衬衣等,不可由于天气炎热就穿着背心、短裤和拖鞋进入学校。教师对于服饰的良好选择是共建和谐校园的重要组成部分,也是建立教师个人魅力和完善人格的保障。

女教师可以着西装、裙装,但裙装或其他服装颜色不可过于花哨或艳丽,特别是不可穿着过短的裙装进入课堂,这样会干扰学生的注意力,不利于践行学校相关规章制度。在饰品选择方面以简约朴素为主,不可过于浮夸。教师也不宜涂抹指甲,这样不符合教师的庄重形象。爱美之心人皆有之,但须明确自己的教师身份并合理把控自己的服饰,给学生树立正确的审美取向。

2.恰如其分的姿态

教师在课堂上的姿态要大方、得体、端庄,符合教师的身份,不可随意把社会和生活中的不良习气带入课堂。教师在课堂的姿态要稳重、轻盈、和蔼,以促进师生平等交流为原则。在课前要郑重严肃地行上课礼,此举在于传承我国优秀的传统,也是提醒学生集中注意力,为上课做好准备。下课也要行下课礼,这是师生间正确的礼仪规范,表示授课结束。行上、下课礼是教师遵守学校基本礼仪规范的正确体现,也是老师和学生之间“尊师爱生”的良好表现。

教师在课堂的姿态要适当,例如手势等动作的表现要合理,教师的站姿、坐姿都要有所讲究,站立时不可随意摇晃和抖腿,坐着时不宜跷二郎腿或倚靠在椅背上。教师站在讲台上要淡定从容,不可东张西望,手势也要尽量简单易懂。

3.亲切热情的眼神

我们都知道眼睛是心灵的窗户,有时候教师不必用过多言语,只需凝视和注视反而会收到更好的效果。在课堂上教师的眼神要关注到每一位学生,让每位学生都能感觉到教师在注视自己,以此提高学生的注意力,提升教师的教学效果,特别是教师在连贯的讲述中发现个别学生在开小差没有认真听讲时,可以采用眼神注视的方式来纠正学生的行为,这样既不会伤害学生的自尊心也不会打断上课的准确流程。

教师在课下与学生的交谈中要注意眼神的亲切与热情,不能一脸严肃,这样不利于学生表达内心的真实情感。有时候千言万语不如一个准确合理的眼神效果好，尤其是对那些性格内向不愿与教师主动沟通的学生，教师不要反复追问，可在简单的表述中多采用鼓励肯定的眼神交流，以此表达教师对学生的期望之情。

4.良好稳健的心态

教师是受过高等教育之人，应该拥有稳重的良好心态。良好稳重的心态是教师具备正确合理教态的内核，心态的好坏是催生正确行动的内驱力，也是日常进行教学和生活的保障，在教学过程中教师也会有想生气的时候，此时教师应该保持冷静，正确处理，不能让情绪左右教学进度。

在其他时间教师同样要具有良好的心态迎接工作中出现的各种挑战，学校的工作压力在期末会逐渐加重，特别是在考试前期，教师的工作量会大大增加，当工作中的压力与生活中的琐事叠加在一起的时候，往往会让人浮躁并产生很多负面情绪，这时教师就需要以稳健成熟的良好心态来面对这些事情。

5.富有魅力的语言

语言是教学中必备的重要环节，教师在课堂上的语言要生动、形象、清晰、幽默，语速和音量要适中，让学生乐于接受。教师的音调要抑扬顿挫，努力体现语言的魅力，抓住学生的注意力，在教育学生时要注意语调的温暖，体现教师对学生的关怀之情。特别是在语言类的教学中，语调和音量的变化是非常关键的，语言本身就是充满趣味和魅力的教学内容，这就需要教师具备一定的语言表达能力，能把枯燥的语言学习形式变成妙趣横生的学习形式。需要注意的是教师在表达时要注意语言的简洁、清晰，这可以提升教学效率，让学生快速领会教师的意思。

第六章
适宜的仪表

孔子是我国古代著名的教育家、思想家，同时也是著名的礼仪家，他认为礼是治国安邦的基础。他说的“礼”也就是今天我们常说的礼仪。

教师肩负教书育人的光荣任务，一言一行都会对学生产生潜移默化的影响。教师仪表得体能够给人留下良好印象，若仪表不当不但会降低自己的身份，同时也会损害自身的形象。重视教师个人形象，是教师遵守职业道德的第一步，适当的仪表有助于维护教师的社会地位及体现教育的规范严谨性。

第一节

教师着装的原则

一、着装应符合自身需求

教师在着装时应考虑自身的性别、年龄、职业、体型、肤色等，在搭配上应注重整体的和谐统一，并且应特别注意衣着搭配上的制约因素。例如年轻女教师，穿着打扮应该清纯靓丽，不要过于奢华，尽可能展现自己在衣着方面的朴实。年轻男教师在衣着搭配上颜色不要过于花哨，应以厚重为主，展现自身稳重的特点。干净和自然的气质胜过任何高档、奢侈的服饰。

对于衣服颜色的选择也有一定讲究，皮肤较黑的人不适合穿颜色过深或过浅的服装，应选择与肤色对比不明显的蓝绿色或粉红色，切忌选用颜色亮丽的橙色以及色泽较暗的褐色等。皮肤较黄的人不适合黄色、土黄色和灰色的服装，在颜色对比下会显得人没有精神。脸色苍白无血色的人不适合穿绿色服装，而肤色红润粉白的人穿绿色服装会显得视觉感更好。由于白色会反光让人显得神采飞扬，所以白色的服装适合所有肤色。

不同体形的人选择服装也应有所不同。体形肥胖的人适合穿深色服装，可在视觉上产生苗条的感觉；体形瘦小的人适合穿浅色服装，这样会给人丰满和有精神的视觉效果；匀型称身材的人服装选择面较广。

二、着装应符合不同场景

教师在着装时要考虑所处的季节、气候，尤其是年轻女性教师应特别注意，不应过分追求美丽、不分季节地选择衣物和饰品。我国幅员辽阔，不同地区的气候差异也大，如我国南方春秋两季，气温变化幅度大，衣着的自由度也大。但总体上应以轻便灵巧、厚薄适宜的着装为主。夏季普遍高温，着装应以轻柔、凉爽、简约为原则。冬季应以保暖、方便为原则。一方面，要注重形象，在保暖的同时要避免着装过厚而显得臃肿，从而造成形体不佳的观感；另一方面，也要避免过于追求形体美而衣着过于单薄而患上感冒等。

教师还应该注重不同场合的衣着风格。例如，在会议现场这种庄重的场景下，穿着拖鞋、背心等进入会场，就显得衣着过于随意，与会议的氛围完全不相匹配。在学校上课时衣着应该符合教师的身份，展现自然、庄重、大方的特点，有利于在学生心目中树立良好的教师形象。

因此，教师的着装要考虑身处的具体场合和时间，要有明确的时间观念，不应"只要风度不要温度"，其次就是在不同场合时应注意服装与环境保持和谐。

三、配色原则

教师的着装还需要遵守"三色原则"，通常，全身服装、配饰的色彩最好不要超过三种。颜色太多，会显得杂乱、不易协调。(金正昆，2007)黑、白、灰三种颜色在服装配色中容易与其他颜色搭配并能起到很好的视觉效果。

1.冷色调：蓝色代表沉静、深远、清爽、自信；黑色代表沉稳、冷漠、严肃；紫色代表神秘和高傲。

2.暖色调：橙色代表活跃和开朗；红色代表活泼、热烈；黄色代表朝气、希望。

3.中间色：黄绿色代表安详；红紫色代表绚烂；灰色代表稳重。

4.过渡色：淡绿色代表愉快、青春；粉色代表明丽和娇美；白色代表朴素、高雅。

在特定场合下男教师还应遵守"三一定律"。"三一定律"即在正式场合应当让自己的公文包、鞋子和腰带色彩相近或相同。作为一名人民教师，在正式场合遵守"三一定律"才会显得专业及成熟稳重。特别是现在不少人对于鞋子追求新潮，而不顾其与腰带和公文包等的整体色彩搭配。

四、着装应注重整洁

教师着装的整洁不在于时尚和档次而在于干净整洁。在任何情况下，服装都应该干净整洁，尤其在夏季时，不应穿着有污渍的服饰，贴身衣物更应勤洗勤换，保持清洁。

存放很久的衣服和裤子在穿着时要注意熨烫有褶皱的地方，特别是领口和袖口以及裤管这些位置要注意熨烫平直。鞋子要注意干净没有异味，鞋带要系好。教师着装整洁意味着尊重他人，而衣冠不整会使人觉得不修边幅没有品位。

第二节

女教师的着装礼仪

戏剧家李渔曾提到：妇人之衣，不贵精而贵洁，不贵丽而贵雅，不贵与家相称，而贵与貌相宜。其意是指着装要与自己的外貌匹配并符合自己的气质，而不应该以品牌、价格和档次的高低贵贱为选择标准。着装与自身条件不匹配，不但不能体现着装的和谐美还会引起别人的不适。

一、上衣

对女教师而言，上衣应选择修身舒适的面料，避免穿露脐装和无袖的上衣，以及臃肿怪异的款式，特别是不要为了追求潮流选择袒胸露背的上衣，这样会给人不稳重的感觉。应选择有衣领的衬衫，再配以精美的首饰，会塑造不凡的气质。典雅大方的上衣搭配合适的鞋子会修饰着装的整体效果，但鞋子颜色应避免过于艳丽，毕竟课堂是教书育人的地方，不是时装秀的舞台。

二、裤装或裙装

裤装或裙装应选择休闲舒适的风格，颜色不宜过于夸张艳丽，例如：选择黑色、白色、灰色、棕色、卡其色等简单休闲的颜色。也不能选择怪异复杂的款式，长裤应松紧合身，裙装的长度应到膝盖处为宜，切忌裙装过短及开叉较高。

三、鞋袜

女教师的鞋子要精致典雅，不宜选择鞋面饰品复杂、款式浮夸的鞋子，课堂上避免穿拖鞋。根据服饰合理搭配鞋子会提升一个人整体的形象气质，鞋子的颜色应与服装的颜色协调，一般以黑色、白色为主，应符合“三色原则”。女性袜子的选择应与鞋子和服装搭配，女性穿裙装时应搭配长筒袜和连裤袜，颜色以肉色和黑色为主。

第三节

男教师的着装礼仪

男教师的着装总体分为便装和正装，正装主要有中山装和西装，便装款式多样。

一、便装

便装即是通常所说的便服，指区别于正装而言在非正式场合所穿的服装，其也有相关的着装礼仪。

1.适合自身

在挑选便装时要根据自身体形，遵守着装的中心点和重点要求，注意着装的协调和统一，特别是款式和颜色的搭配要符合自身的年纪和身份。男教师可根据自身的脸型、体形，依据要出入的场所合理选择衣服的风格和款式。

2.符合环境

男教师穿着便装应是在非正式的场合，如休闲娱乐场合，这样才符合轻松、愉快、自然的氛围。我们常见的便装有牛仔装、运动装、夹克、休闲短袖等。

3.符合规范

(1)色彩协调

基于服装搭配的“三色原则”，由于便装适用于非正式场合，所以可依据自身对色彩的喜爱进行选择和搭配，但需注意整体着装的和谐与统一，避免颜色多样化与浮夸。

(2)风格统一

风格统一主要是指整体着装的统一，例如上身选择牛仔服而下半身也应选择相适应的休闲裤，总体要给人呈现风格统一的舒适感。

二、西装

西装即我们通常所说的西服，是当今世界上最为流行的国际性服装之一，很多职业都将西装作为正式场合穿的服装。男教师也可选择西装作为正式场合穿着的服装，但要了解西装的相关礼仪规范。

1. 选择

西装的做工讲究，穿一件适合自己的西装可以提升自己的气质，因此选择适合自己的西装十分必要。一般情况下，选择西装要注意西装的款式、色彩、面料、尺寸、做工等方面的细节。西装又分为三件套和两件套，三件套是一衣、一裤和一背心，两件套是一衣一裤，一般来说三件套比两件套显得要规范一些。西装应以没有图案为好，这样显得庄重严谨，也可以选择“牙签呢”竖条纹款式。西装的颜色一般可以选择藏蓝色、棕色和灰色等。在挑选西装时，要看西装的做工如何，如是否缝制完整，衣袋是否对称平衡，面料是否容易起毛球，针线是否精致均匀，纽扣是否牢固，前后外观是否平整等。

2. 穿法

西装的穿法有别于一般服装，男教师必须要对西装的正确穿法有所了解，避免不必要的尴尬。

新买的西装在穿着前必须要摘掉西装的商标，这是在告诉别人这套西装已经被自己启用，避免引起误解。

西装的上衣纽扣有正确的系法，通常来说，站立的时候西装上衣的纽扣需系上，在就座后可以解开。只有在内穿背心、羊毛衫，外穿单排扣上衣时才可以在站立时不系西装的上衣纽扣。依据西装着装惯例，单排扣式西装的最下面那颗纽扣应当不系，而双排扣式西装的纽扣就需要全部系上。

西装的设计就是为了穿着时显得挺拔，其笔直的线条，平整挺括的前胸设计就是要体现人体的线条美。所以，想要体现西装的魅力必须定期护理，且不能随意折叠，尤其是上衣口袋尽量不要放置重物，左侧外胸口袋可以放置手帕，内侧胸袋只能放置钢笔、钱包和名片等较轻物品。外侧下方的两只口袋一般不放置任何东西。西装裤子的两侧口袋一般放置纸巾和钥匙等，臀部的两只口袋不放置东西，以免破坏西装的整体线条美。

要体现西装的气质与魅力，还可以选择搭配衬衫、西装背心，除此之外上身只可以穿一件较薄的“V”字领单色毛衫，不能再穿其他衣物，以免破坏西装的庄重。

3.搭配

西装的搭配也有讲究，因此教师对西装的搭配要有所了解。

(1)衬衫的搭配

西装搭配的衬衫应该是正装衬衫，而不是一般休闲式衬衫。正装衬衫应当是单一色彩，没有任何图案，衣领为方领、长领或短领，衣袖为长袖。首先，与西装搭配的衬衫大小要合身，主要是衣领和胸围要松紧适中，下摆不宜过短或过长。其次，衬衫的袖子要适度，穿西装的惯例是衬衫的袖口应当露在西装上衣袖口外1厘米左右为宜。再次，下摆要掖好，穿长袖衬衫时不管是否穿西装上衣，都要将衬衫的下摆掖进裤腰内。最后，衬衫领口、袖口和衣扣要一一对齐系好，若不打领带须解开衬衫的领口。

领带的搭配。在正式的公共场合需要打领带，在休闲娱乐场合可不打领带。打领带时，应将领带放于西装上衣和衬衫中间，领带结要端正和挺括，还须呈倒三角形。领带夹可用也可不用，若使用领带夹应不易让他人看到为宜。

(2)皮带的搭配

穿西装时搭配的皮带的宽度应该在2—3厘米，颜色与鞋子的颜色要和谐匹配，皮带上不宜串挂手机、钥匙等物品。

(3)鞋袜的搭配

着西装时，必须穿皮鞋，一般与西装搭配的皮鞋颜色以黑色和深褐色为宜，袜子的颜色应该与西装和鞋子的颜色搭配，选择颜色较深的袜子，不能选择白色或者其他浅色的袜子。

第四节

饰品搭配礼仪

饰品佩戴是服饰礼仪的重要部分，恰到好处的饰品不仅可以点缀着装，还可以传播信息。（舒静庐，2014）女教师应该知道佩戴某些饰品的特殊意义以及佩戴饰品的技巧。

一、女教师饰品的选择

针对女性的饰品种类比较多，大致有戒指、手镯、耳环、项链、脚链、手链、胸针等。饰品的材质也是多种多样，矿物类饰品，如钻石、宝石、玉石、水晶、玛瑙等；非矿物类饰品，如琥珀、珍珠、珊瑚等；仿制类饰品，如玻璃制品、人造珍珠、镀金、镀银等。对于这些不同材质的饰品，在选择上应该注意以下因素。

1. 在不同的季节应该选择不同的饰品。夏季气温较高，应该佩戴颜色鲜艳的手工制品，展现夏日风情；冬季寒冷，应该佩戴颜色较浅的饰品，如金银珠宝以及玉石，彰显优雅庄重。

2. 不同的场合应该佩戴不同的饰品。如参加酒会时应该佩戴材质好、绚丽多彩的胸针，点缀出惊艳的效果；在工作的时候则应该佩戴相应的工牌等。

3. 服装搭配上应该注意整体协调。衣服和配饰二者应和谐统一。身穿领口较低的衣服时应该佩戴饰品，这样才会使颈部不至于太单调。在佩戴金色耳环时，手镯、戒指就应该选择金色，这样更显得协调。

4. 在选择饰品时应考虑自己的体型。每个人的身材比例都是不同的，在佩戴饰品时也不能盲目追求漂亮的饰品，必须注意饰品与自己身材的协调性。在选择饰品时必须注意这些细节问题，注重协调统一。

5. 选择饰品时必须注意自己的年龄与身份。年轻女性应选择时尚的工艺品，这样更有助于展现个性；年纪较大的女性应该选择贵重而精致的饰品，这样更显典雅庄重。

6.在饰品的选择上还要力求简洁，不要过于追求复杂。

饰品的佩戴应该注意以上因素，选择自己心仪而又符合自身特点的饰品，以达到更好的着装效果。在配饰上过于繁杂，反而会显得不协调，也会让人觉得俗气不堪。

二、男教师饰品的选择

佩戴饰品不是女教师的专利。对于男教师来说，简洁的饰品与职业装之间相得益彰，会让个人品位提升到一个新的高度。因此，男教师的饰品佩戴也是彰显衣着得体的重要一环。与女教师饰品选择方面不同的是男教师在饰品的选择上应该注重实用。男士的配饰主要有领带夹、领带、皮带、公文包等。在穿戴时一定要注重男士豪放的个性特征，应选择厚重的款式，避免选俗气的款式。项链以贴身佩戴为宜，胸针应该选择具有力量象征的图案，可以别在西服翻领处。总体来说，男教师的饰品佩戴要简单大方，不宜复杂。

1.领带夹

领带夹主要作用是把领带固定在衬衣上，以免在走动中出现领带晃动，显得着装随意。但是使用领带夹时应注意领带夹的颜色与领带之间要协调对应，比如佩戴红色的领带，就适宜搭配红宝石领带夹，绿色领带则适宜搭配翡翠和碧玺领带夹，黑领带则可以搭配黑欧泊和黑曜石领带夹。无色透明的钻石或水晶领带夹可以搭配任何色彩的领带，基本上属于万能搭配的领带夹。

2.公文包

男教师的公文包通常选黑色和棕褐色的皮革公文包较为适宜，不宜使用图案和色彩丰富的公文包，包中可以放置钥匙、名片、记事本、证件和手机等物品，不宜装过多东西让其显得过于臃肿。